LUKAS RICK

SELBSTWERTGEFÜHL STEIGERN

In 10 Schritten zu innerer Stärke
Den inneren Kritiker entwaffnen

humboldt

INHALT

WILLKOMMEN IM BUCH!

Ich freue mich, dich auf deinem Weg zu einem höheren Selbstwertgefühl begleiten zu dürfen. Auf dem Weg dorthin werden wir beide eine ganze Menge guter Gespräche führen – denn ich habe dieses Buch so geschrieben, dass ich mit dir spreche, sozusagen im Dialog mit dir stehe. Dabei werden wir eine erstaunliche Reise quer durch deinen Kopf machen. Zunächst erfährst du, was dich in diesem Buch erwartet.

Video 1: Selbstwertgefühl steigern – in 10 einfachen Schritten: Willkommen im Buch!
www.Willkommen.10einfacheSchritte.de

Ein höheres Selbstwertgefühl kannst du vor allem dann erreichen, wenn du gewisse Dinge sein lässt, die du bisher noch machst – und Alternativen geben dir dafür die nötige Flexibilität. Mein Ziel ist es folglich, dass du durch die Lektüre dieses Buches mehr Alternativen und damit Flexibilität für dein Leben zur Verfügung hast.

Auf unserer Reise werden uns verschiedene Mechanismen deines Kopfes immer wieder begegnen. Das gilt zum Beispiel für die Frage, wie ein Gefühl überhaupt entsteht. Denn ich arbeite mit der These, dass das Selbstwertgefühl kein einzelnes Gefühl für sich ist, sondern eine Art Feedback auf Situationen, in denen ich mich selbst beobachte und mir aufgrund der Differenz zwischen gewünschtem und tatsächlichem Verhalten einen Wert zuschreibe. Entscheidend ist also nicht nur, was ich erlebe, sondern vor allem, wie ich mich in solchen Situationen verhalte und wie ich die Situation bewerte.

Ich möchte auch einige Missverständnisse aus dem Weg räumen. Du denkst beispielsweise, du hättest ein geringes Selbstvertrauen? Falsch gedacht! Ich behaupte, dein Selbstvertrauen ist und war immer maximal hoch. Wie ich darauf komme, werde ich noch ausführlich beschreiben. Nur kurz vorab: Selbstvertrauen hat nichts

damit zu tun, dass du das machst, was du machen willst, sondern damit, dass du deinen Gedanken maximales Vertrauen schenkst. In welche Richtung sie auch gehen mögen.

Wie kannst du nun ein gutes Selbstwertgefühl aufbauen? In meinen Therapien – und auch in diesem Buch – gehe ich dazu wie folgt vor: Im ersten Schritt geht es um Grundlagenwissen, mit dem du ein Verständnis für dein eigenes Denken entwickeln kannst, im zweiten Schritt übertragen wir diese Erkenntnisse auf deinen Alltag. Im dritten Schritt werden wir dann schnell erkennen, warum bestimmte Veränderungen bei dir noch nicht funktioniert haben.

Im vierten Schritt fangen wir an, mehr nach vorne zu denken. Hierfür besprechen wir, was du von einem höheren Selbstwertgefühl überhaupt erwarten kannst, und leiten im fünften Schritt zum Thema Ziele über, um es im sechsten Schritt zu vertiefen. Überhaupt kannst du dieses Buch auch hervorragend nutzen, um viele andere Ziele in deinem Leben in greifbare Nähe zu rücken. Wenn du den sechsten Schritt hinter dir hast, bist du bereits Profi in Sachen Zielerreichung.

Der siebte Schritt führt uns dann zum Kern des Ganzen: Jeder Mensch schreibt sich seinen Wert selbst zu. Wir schauen uns an, wie du das vielleicht früher gemacht hast, und greifen Ideen auf, was genau du in Zukunft anders machen darfst.

Der achte Schritt gibt dir ein breites Wissensspektrum für alle Lebenslagen mit. Du wirst dich bestimmt in einigen Geschichten wiedererkennen und profitierst von den vielen Beispielen.

Die letzten beiden Schritte neun und zehn konzentrieren sich noch einmal auf das, was wir bisher erarbeitet haben: Wie du vernünftige Entscheidungen treffen und auf deinen Erfolgen aufbauen kannst.

Ich arbeite das gesamte Buch hindurch mit vielen Beispielen, denn über Vorgelebtes prägt sich Wissen am schnellsten ein. Keines dieser Beispiele ist erfunden – lediglich die Namen wurden verändert.

Die persönliche Ebene ist mir wichtig, daher möchte ich auch direkt zu dir sprechen. Dafür habe ich eine ganze Menge Videos bereitgestellt, die mit den entscheidenden Stellen im Buch verknüpft sind. Wenn du neugierig auf mehr bist, schaue dir das passende Video an. Dadurch spreche ich mehr Wahrnehmungsebenen von dir an, als wenn du nur dieses Buch liest. Auch arbeite ich teilweise mit anderen Beispielen. So bauen wir gemeinsam ein maximales Niveau an Verständlichkeit auf. Das wird dir bei der Erreichung eines höheren Selbstwertgefühls eine geniale Unterstützung sein!

Video 2: Die 10 Schritte des Buchs in der Übersicht
www.Schritte.10einfacheSchritte.de

Ich gebe mein Bestes, um dir eine wertvolle Unterstützung anzubieten. Ich kenne dich aber nicht persönlich. Daher habe ich bei der Auswahl der individuellen Themen und Beispiele darauf geachtet, mich möglichst nah an den Bedürfnissen meiner Klienten zu orientieren – und daran, was diesen am meisten geholfen hat. Sollte ich also den Kern deiner Problematik nicht getroffen haben, lass es mich wissen. Ich werde dir antworten.

1 ALLES, WAS DU FÜR DEN START BENÖTIGST

Wenn du dieses Kapitel gelesen hast, wirst du dich und dein Denken besser verstehen. Ich erkläre dir, über welche Wahrnehmungskanäle dein Gehirn Informationen aufnehmen kann und was man unter Vorannahmen versteht. Ich beschreibe, wie ein Gefühl entsteht und was das Selbstwertgefühl im Besonderen ist. Am Ende des Kapitels geht es darum, dass es für eine positive Veränderung des Selbstwertgefühls nie zu spät ist – unabhängig von Alter und Charakter.

Video 3: Was dich in Schritt 1 erwartet
www.Schritt1.10einfacheSchritte.de

Wie entsteht ein Gefühl?

Das Wichtigste vorweg: Du *hast* ein Gefühl, du *bist* es nicht. Gefühle können so schnell verschwinden, wie sie gekommen sind. Auch wenn sie manchmal an dir zu kleben scheinen, sind sie doch nicht untrennbar mit dir verbunden.

In vielen Situationen können wir Gefühle gut nachvollziehen: Wir hören einen Witz und müssen lachen. Wir schauen uns „Titanic" an und müssen weinen. Wir Männer bekommen ein Gefühl von Hass, wenn wir im Fernsehen „Grey's Anatomy" schauen müssen, und können prima entspannen, wenn wir am Lagerfeuer sitzen.

Doch häufig genug sind unsere Gefühle nicht klar nachvollziehbar: Oft nehmen wir positive Gefühle als selbstverständlich, auch wenn es keinen konkreten Grund dafür gibt. Negative Gefühle nehmen wir hingegen viel deutlicher wahr und lassen uns stärker von ihnen beeinflussen. Wir wachen morgens bereits niedergeschlagen auf. Die Fahrt zur Arbeit ist von trüben Gedanken begleitet. Viele Dinge, die uns früher viel Freude bereitet haben, machen einfach keinen Spaß mehr. Woher kommen diese unangenehmen und schlechten Gefühle?

Du *hast* ein Gefühl, du *bist* es nicht.

So nehmen wir die Welt wahr

Es gibt fünf Wahrnehmungskanäle, über die wir Menschen Informationen aus unserer Umwelt aufnehmen:

- visueller Kanal – sehen
- auditiver Kanal – hören
- kinästhetischer Kanal – wie sich etwas anfühlt
- olfaktorischer Kanal – riechen
- gustatorischer Kanal – schmecken

Wir nutzen zumeist einen der drei ersten Kanäle für die Verarbeitung von Reizen; das Riechen und das Schmecken spielt für unser Gehirn eine nachgeordnete Rolle. Für unser Thema konzentrieren wir uns daher auf die ersten drei Wahrnehmungskanäle.

Für alle Wahrnehmungskanäle gilt: Eine Information gelangt zum Gehirn, dort wird sie blitzschnell verarbeitet und bewertet, und es wird ein bestimmtes Gefühl aktiviert.

Visueller Kanal – das Sehen

Das Sehen ist unser wichtigster Wahrnehmungskanal – mit ihm nehmen wir die meisten Informationen aus unserer Umwelt auf. Diese Informationen werden im Gehirn zu einem dreidimensionalen Abbild unserer Umgebung zusammengesetzt. Wir können dabei bewusst das wahrnehmen, was um uns herum passiert – doch genauso wichtig sind die Bilder, die vor unserem inneren Auge sichtbar werden. Diese können Informationen aus unserer Umwelt abbilden oder ein Produkt unserer eigenen Gedanken sein. Wenn wir uns eine Nachrichtensendung anschauen, sehen wir diese Bilder im Außen. Hören wir die Nachrichten zum Beispiel im Radio, baut unser Gehirn entsprechende Bilder vor unserem inneren Auge auf.

Unser Gehirn kann Informationen nicht *nicht* verarbeiten: Denk bitte mal an irgendwas. Aber stell dir bitte *nicht* vor, wie sich zwei kleine rosa Elefanten mit Engelsflügeln majestätisch erheben und durch den Raum gleiten. Und vielleicht läuft noch ein Pinguin rückwärts durchs Bild, der auf seiner Trompete eine Fanfare trötet.

Unser Gehirn kennt quasi keine Negationen, also Verneinungen. Wenn wir uns noch so sehr anstrengen, etwas Bestimmtes *nicht* wahrzunehmen, konzentrieren wir uns genau hierauf. Die oben beschriebenen Elefanten werden also genau in dem Moment vor deinem inneren Auge auftauchen, in dem ich sage, du sollst keinesfalls an sie denken.

Wenn wir die Bilder vor dem inneren Auge mit einbeziehen, lassen sich zum Beispiel Ängste viel besser verstehen. Wer unter starken Ängsten leidet, gleicht diese Ängste oft mit dem tatsächlichen Gefahrenpotenzial seiner Umwelt ab. Und kommt zu dem Schluss, dass die Ängste eigentlich überzogen und unangemessen sind – trotzdem sind sie ja da. Mit dieser Beobachtung stuft er sich selbst als krank ein und wertet sich somit auch ab.

In der Praxis frage ich also einen Klienten, in welchen Situationen er seine Angst erlebt und welche Bilder er in diesen Momenten vor seinem inneren Auge wahrnimmt. Meist wird die körperliche Angstreaktion mit dieser Betrachtung viel logischer und damit nachvollziehbarer. Vor allem kann man oftmals Abstand vom Begriff einer „Erkrankung" nehmen. Nicht, weil jemand an einer Angststörung erkrankt ist, erlebt er in vielen Situationen Ängste, sondern weil jemand in bestimmten Situationen gewisse Bilder vor dem inneren Auge sieht, antwortet der Körper mit einer Angstreaktion. Und das wird dann als Angststörung diagnostiziert.

Wir dürfen lernen, mehr auf diese Bilder vor dem inneren Auge zu achten. Vor allem sollten wir uns darüber im Klaren sein, dass unser Gehirn uns diese Bilder erst einmal nur anbietet. Es ist wie eine Einladung, die wir annehmen oder auch ablehnen dürfen. Wir können lernen, diese dramatisch denkende Struktur unseres Gehirns zu akzeptieren und bewusst neue Bilder an die Stelle der alten zu setzen – unsere fliegenden Elefanten lassen grüßen. Je nachdem, welche Bilder wir vor dem inneren Auge haben, aktiviert unser Gehirn ein entsprechendes Gefühl. Innere Bilder wirken – immer!

Hierzu ein kleines Beispiel aus der Praxis: Sebastian berichtet mir, dass es ihm unheimlich schwerfällt, sich zum Sport aufzuraffen. Er ist antriebslos und träge, befürchtet gar eine Antriebsstörung. Und damit glaubt er ein depressives Symptom bei sich entdeckt zu haben. Er geht gerne laufen, doch in letzter Zeit gewinnt häufiger die Couch.

Ich biete Sebastian folgendes Bild an: Er solle sich vorstellen, wie er seine Lieblingsstrecke läuft. Er trägt dabei seine Lieblingskleidung, das Wetter ist angenehm und sonnig. Er kommt gut voran, als ob er Rückenwind habe. Er begegnet hin und wieder anderen Menschen, die ihn freundlich anlächeln, und er lächelt zurück. Seine Lieblingsmusik beflügelt seinen Lauf, er fühlt sich kraftvoll und schnell. Das Bild bekommt Bewegung, es entsteht ein kurzer Film. Noch sieht er die Situationen aus seinen eigenen Augen. Tritt er aus sich heraus und betrachtet sich selbst in dieser kurzen Sequenz von außen, sieht er ein breites Grinsen auf seinem Gesicht.

Auf einer Skala zwischen 0 und 10 gibt er diesem Bild eine 9,5 – nahezu perfekt. Frage: War in der Vergangenheit ein solches Bild präsent, wenn er überlegt hatte, eine Runde laufen zu gehen? Das war es nicht. Da sah er eher die Couch, die so gemütlich war und Entspannung versprach.

An diesem Beispiel wird deutlich, dass bei Antriebsstörungen häufig eben nicht der Antrieb fehlt. Vielmehr fehlt im entscheidenden Moment ein guter Grund, etwas Bestimmtes zu machen, zum Beispiel laufen zu gehen. Oder im Kopf wird eine andere Sache als wichtiger gewertet, zum Beispiel die gemütliche Couch. Es gilt also, sich die Bilder vor dem inneren Auge genau anzuschauen.

Auditiver Wahrnehmungskanal – das Hören

Das Hören ist unser zweitwichtigster Wahrnehmungskanal, mit dem wir Informationen aus unserer Umwelt aufnehmen. Im Gegensatz zum Sehen können wir uns noch weniger den Informationen von außen verschließen: Wenn wir unsere Augen schließen, „sehen wir nichts mehr“, doch wir können nicht so einfach „weghören“. Alles, was wir hören, wird von unserem Gehirn verarbeitet und einem Bewertungsprozess unterzogen. Wenn jemand etwas zu uns sagt, können wir nicht weghören – weshalb das Ignorieren von Beschimpfungen und Mobbing zum Beispiel nicht funktionieren kann.

Zudem hören wir uns den ganzen Tag zu uns selbst sprechen, was genauso wirkt wie Stimmen aus dem Außen. Denn Denken ist ein innerer Sprachprozess. Wenn du denkst, dann sprichst du zu dir selbst. Das machst du den ganzen Tag und selbst dann, wenn du mit anderen Leuten sprichst. Deine Stimme begleitet dich schon dein ganzes Leben. Das Denken als auditiven Prozess zu verstehen ist ein Werkzeug, das uns durch das gesamte Buch begleiten wird. Ich bezeichne das als auditive Denkebene, dabei spielen vor allem auditive Denkmuster eine Rolle.

> Du sprichst ständig zu dir selbst, hörst dir ständig zu.

Achte einmal auf folgendes Phänomen: Wenn du etwas gut machst und dich dafür lobst, sagst du vermutlich so etwas wie „Mensch, das habe ich aber gut gemacht“ oder „Das hast du richtig gut hinbekommen“. Und genauso sprichst du zu dir selbst, wenn du dich kritisierst und auf dieser inneren Dialogebene abwertest: „Das habe ich ja mal so richtig versaut“ oder „Du kannst ja gar nichts“.

An dieser Stelle ist für mich noch nicht so wichtig, welche Worte du genau wählst. Viel wichtiger finde ich, in welchem Verhältnis Lob und Kritik zueinander stehen. Wie stehen sich positive und negative Wertzuschreibung gegenüber? Wenn du dich selbst lobst, bewertest du dich gleichzeitig positiv. Kritisierst du dich, schreibst du dir einen ungünstigen Wert zu.

Viele der Gedanken, die du über den auditiven Kanal wahrnehmen kannst, werden zusätzlich auf eine visuelle, bildhafte Ebene übertragen. Für unser Gefühl spielt dabei eine Rolle, wie detailliert die Informationen sind. Vergleiche einmal die Wirkung der folgenden Sätze:

Stell dir vor, du beißt in eine Zitrone.

Oder:

Stell dir vor, du kommst nach Hause. Im Kühlschrank findest du eine schöne, reife gelbe Zitrone. Du nimmst sie heraus und legst sie auf ein Holzbrett. Mit einem großen Messer teilst du die Zitrone in zwei Hälften. Dann schneidest du eine der beiden Hälften wieder durch. Nun nimmst du eine der beiden Zitronenspalten in die Hand führst sie zum Mund. Kannst du den Zitronenduft wahrnehmen? Stell dir vor, du beißt nun herzhaft in die Zitrone hinein. Du schmeckst die Säure auf der Zunge und riechst das angenehme Aroma von Zitrusfrüchten.

Setzt in deinem Mund schon der Speichelfluss ein? Allein durch das Lesen dieser Zeilen entstehen detailreiche Bilder vor deinem inneren Auge, und sogar bestimmte Körperfunktionen werden aktiviert!

Ein weiteres Beispiel: Stell dir vor, du stehst vor einem Spiegel. Gefällt dir alles, was du siehst? Oder gibt es eine Stelle, die du nicht schön findest? Du siehst diese Stelle und bekommst ein schlechtes Gefühl?

Betrachten wir diesen Prozess genauer: Du nimmst diese Körperstelle visuell wahr, gleichzeitig denkst du „Das sieht wirklich nicht schön aus“, es kommt also im auditiven Wahrnehmungskanal zu einer negativen Wertzuschreibung, und darauf reagiert dein Gehirn. Nicht der optische Eindruck, sondern das gesprochene Wort löst hier das entsprechende Gefühl aus! Wenn wir uns überlegen, woher diese Bewertungsmuster ursprünglich kommen, stoßen wir oft auf Auslöser in der Vergangenheit. Ein Ex-Partner hat mal an dieser Stelle rumgemeckert, oder man selbst hat beim Vergleich mit den „Vorbildern“ aus Hochglanzmagazinen die Defizite an sich „entdeckt“. Bei solchen Kritikpunkten handelt es häufig um externe Bewertungssysteme, die man irgendwann einmal übernommen hat. Es handelt sich nicht um das, was man wirklich über sich selbst denkt.

Kinästhetischer Wahrnehmungskanal – wie sich etwas anfühlt

Der kinästhetische Wahrnehmungskanal funktioniert über das Fühlen, das Spüren. Es geht darum, wie sich etwas – auch mein Verhalten – für mich anfühlt.

Fast jeder kennt es aus eigener Erfahrung: Du musst für eine wichtige Klausur lernen oder eine Präsentation vorbereiten – aber statt konzentriert zu lernen oder zu arbeiten, surfst du im Internet, putzt die Fenster etc. Es gibt plötzlich jede Menge wichtiger Dinge zu tun. Wie ist dieses Verhalten einzuordnen?

Ich bin davon überzeugt, dass kein Mensch unlogisch agiert. Jeder Mensch richtet sich nach seinem individuellen „Logiksystem“. Das ergibt sich daraus, dass jeder bestimmte Bilder und Denkmuster auf der inneren Verarbeitungsebene hat, die sein Verhalten steuern – diese Informationen kann ich von außen nicht erkennen. Jemand handelt logisch, weil er nach seinen inneren Argumenten richtig handelt – aber wenn ich als Außenstehender die Argumente nicht kenne, kann ich sein Verhalten nicht nachvollziehen und halte es für unlogisch.

Zudem handelt jeder Mensch so, wie es in jedem Moment seines Lebens seine beste Alternative ist. Hätte er eine bessere Alternative, würde er anders handeln. Deshalb verstehe ich meinen Beruf auch nicht so, dass ich meinem Klienten erkläre, wie er Dinge zu tun hat. Sondern ich möchte ihm dabei helfen, dass er nach der Sitzung Dinge nicht mehr so machen muss wie bisher. Er soll mit Alternativen und einem guten Bauchgefühl die Praxis verlassen.

> Unsere Gefühle äußern sich in unserem Verhalten, in unserer Körpersprache.

Menschen verhalten sich auf eine bestimmte Art und Weise, weil sie die Absicht haben, ein bestimmtes Ziel oder Ergebnis zu erreichen. Man kann auch von Strategien sprechen. Bei Zielen allgemein geht es vordergründig darum, dass ich mich nach dem Erreichen des Ziels besser fühle. Oder: Ich übe mich in Strategien, die zum Ziel haben, dass ich ein bestimmtes Gefühl *nicht* habe. Diese Vermeidungsstrategien sind allerdings oft kontraproduktiv:

Wie bereits gesagt, kann unser Gehirn Informationen nicht *nicht* verarbeiten. Deshalb konzentrieren wir uns im weiteren Verlauf des Buches immer wieder darauf, dass unsere Ziele in der gewünschten Form, also positiv definiert sind. Wünsche ich mir zum Beispiel, nicht durch die Klausur zu fallen, sehe ich das Bild „durch die Klausur fallen“ vor mir. Wünsche ich mir, „die Klausur bestanden zu haben“, werde ich hierüber ein Bild bekommen.

Das Gefühl, das bei mir präsent ist, kann man in meinem Verhalten bzw. in meiner Körpersprache erahnen. Habe ich eine wichtige Prüfung geschafft, gehe ich mit erhobenem Kopf aus dem Raum. Bin ich morgens gerädert von der Nacht, schlurfe ich eher lustlos zur Kaffeemaschine. Zwischen einem Gefühl und dem Verhalten besteht oftmals ein sehr enger Zusammenhang!

Bestehen Dissonanzen zwischen Gefühl und Verhalten, fühlen wir uns schlecht.

Interessant wird es nun, wenn zwischen einem Gefühl und dem eigentlich zugehörigen Verhalten eine Dissonanz entsteht: Ich mache gute Miene zu bösem Spiel. Ich mache einen Job, den ich nicht gerne mache. Ich bleibe bei einem Partner, obwohl er mir nicht guttut. Diese Dissonanz fördert vor allem eines: Unzufriedenheit. Diese Unzufriedenheit führt unter anderem dazu, dass kleine Dinge plötzlich riesengroß sind. Kleine Probleme kommen mir mit einem Schlag kaum lösbar vor. Diese Unzufriedenheit fördert auf längere Sicht das, was man als Depression umschreiben könnte. Finden wir nun vermehrt solche Dissonanzen zwischen Gefühl und Verhalten, entsteht regelmäßig ein schlechtes Gefühl. Und damit die Grundlage für ein schlechtes Selbstwertgefühl.

Video 4: So nehmen wir die Welt wahr: Unsere fünf Sinneskanäle
www.Sinneskanal.10einfacheSchritte.de

Gefühle als Feedback verstehen

Bei der Entstehung unserer Gefühle spielen also drei Ebenen eine Rolle:

1. Die Bilder vor unserem inneren Auge
2. Die auditive Denkebene bzw. auditive Denkmuster
3. Wie sich etwas für mich anfühlt – ob mein Verhalten mit meinen Vorstellungen übereinstimmt

All diese Informationen werden von meinem Gehirn in einem blitzschnellen Prozess bewertet und es entsteht ein Gefühl. Diesen Bewertungsprozess kann ich kaum beeinflussen, ich kann jedoch meinem Gehirn neue Grundlagen, neue Informationen anbieten, aus denen die Gefühle entstehen: indem ich innere Bilder verändere, anders zu mir spreche und mich bewusst nahe an meinen Vorstellungen verhalte.

Daher betrachten wir Gefühle in ihrer Entstehung als Feedbackmechanismus. Unser Gehirn gibt uns ein Feedback auf die Reize und Informationen, die wir ihm bieten. Merke: Du *hast* ein Gefühl, du *bist* es nicht.

Video 5: Wie entsteht ein Gefühl?
www.Gefühl.10einfacheSchritte.de

Voranahmen und Glaubenssätze

Ein Gefühl kommt also nicht einfach so ohne Grund. Neben den bereits erläuterten Aspekten spielen auch Voranahmen und Glaubenssätze eine Rolle. In der Praxis eröffne ich eine Gesprächstherapie gerne mit einem Witz, den ich vor einigen Jahren aufgeschnappt habe: „Man könnte Orangen auch in männliche und weibliche unterteilen. Die männlichen haben eine harte Schale und einen weichen Kern, und die weiblichen sind ohne Grund sauer."

Nicht, dass ich diesen Witz besonders komisch finde. Ganz im Gegenteil. Damals habe ich mir darüber Gedanken gemacht, weshalb vor allem Männer über diesen Witz lachen. Ich bin für mich zu folgendem Schluss gekommen: Wir Männer gehen davon aus, dass Frauen ohne Grund sauer sind. Daraus folgern wir, dass Frauen auch in ihrem Verhalten unvorhersehbar und unlogisch sind und dadurch für uns Männer zu einem Buch mit sieben Siegeln werden. Liebe Frauen: Seid ihr wirklich ohne Grund sauer? Natürlich nicht. Nur weil wir Männer in gewissen Situationen die Reaktionen von Frauen nicht nachvollziehen können oder in vergleichbaren Momenten anders reagieren würden, sind sie noch lange nicht ohne Grund sauer. Dass Frauen ohne Grund sauer sind, können wir als *Vorannahme* bezeichnen. Vorannahmen sind Regeln und Strukturen, die wir meist ungeprüft in unser Leben übernehmen. Dies geschieht zum Beispiel über die Erziehung im Elternhaus oder über vermeintliche Vorgaben aus der Gesellschaft.

Vorannahmen bilden häufig die Grundlage für komplexe *Glaubenssätze,* die wir auch als *Glaubensgebäude* bezeichnen können. Das wären in unserem Beispiel die Männer, die aufgrund der Vorannahme „Frauen sind ja ohne Grund sauer" weiterdenken und glauben, Frauen seien auch in ihrem Verhalten unvorhersehbar und würden nicht logisch denken. Diese Glaubensstruktur ist doch recht ungünstig, möchte man eine angenehme Zeit mit einer Frau verbringen.

Wenn nun solche meist ungeprüften Vorannahmen die Basis für unsere Glaubensgebäude sind, stehen diese auf einem schwachen Fundament. Und Gebäude, die kein solides Fundament haben, sind einsturzgefährdet. Wir wollen im weiteren Verlauf des Buches also einen besonderen Blick auf die Glaubensgebäude und Glaubenssätze legen, die uns in unserem Denken und Verhalten prägen. Dabei sind Vorannahmen nicht automatisch falsch. Sie sollten aber hinterfragt werden.

Video 6: Was sind Vorannahmen und Glaubenssätze?
www.Vorannahmen.10einfacheSchritte.de

Wie entsteht das Selbstwertgefühl?

Nehmen wir den Begriff Selbst-Wert-Gefühl wörtlich, drückt dieses Gefühl aus, welchen Wert wir über uns selbst wahrnehmen. Diese Wahrnehmung spielt sich in zwei Bereichen ab: in bestimmten Situationen und in einem allgemeinen Kontext. Die Summe vieler kleiner Geschehnisse und Erlebnisse bringt mich dazu, dass ich mir Gedanken über meinen Selbstwert mache, unabhängig von einer konkreten Situation. Dies könnte man dann auch unter dem Begriff Grübeln einsortieren. Zum Beispiel:

- Im Job möchte ich eine Idee einbringen, traue mich aber nicht.
- In der Partnerschaft habe ich Wünsche an meinen Partner, die ich ihm aber nicht mitteile.
- Eigentlich möchte ich mein Äußeres gerne verändern, habe aber Angst vor den Reaktionen meiner Mitmenschen.

Wenn du darüber nachdenkst, wirst du vermutlich viele Situationen finden, in denen dein tatsächliches Verhalten nicht mit dem gewünschten übereinstimmt. Je häufiger du dich auf dieser Ebene mit deiner Unzufriedenheit herumschlagen musst, desto mehr nehmen die entsprechenden Selbstbewertungen im auditiven Denkmuster zu:

- „Die anderen trauen sich vor dem Chef viel mehr als ich!"
- „Wenn ich meinem Partner diesen einen Wunsch mitteile, wird er mich bestimmt auslachen oder blöd finden."
- „Wenn ich mal mutig bin und mein Äußeres verändere, denken die anderen bestimmt, ich sei von einer Krähe beraten worden und hätte keine Ahnung von Mode."

Es kommt zu klaren Abwertungen im eigenen Denkprozess. Wie wenn du vor dem Spiegel stehst und dir bezüglich deines Aussehens einen negativen Wert zuschreibst. Vielleicht siehst du sogar entsprechende Bilder vor deinem inneren Auge. Andere lachen dich aus, zeigen mit dem Finger auf dich oder das Gehirn schaltet direkt in einen Worst-Case-Modus: Du siehst ein absolut unerwünschtes und negatives Bild von dir, was du so niemals erleben möchtest.

Video 7: Wie entsteht das Selbstwertgefühl?
www.Selbstwertgefühl.10einfacheSchritte.de

Die 6 Säulen des Selbstwertgefühls

Der amerikanische Psychotherapeut und Autor Nathaniel Branden hat sich in seiner Arbeit vor allem mit dem Thema Selbstwert beschäftigt. Er hat ein Konzept erarbeitet, welches als *Die 6 Säulen des Selbstwertgefühls* bekannt geworden ist. Das sind die Punkte:

1. Bewusstes Leben
2. Selbstannahme
3. Eigenverantwortliches Leben
4. Selbstsicheres Behaupten der eigenen Person
5. Zielgerichtetes Leben
6. Persönliche Integrität (als Übereinstimmung der persönlichen Werte mit dem eigenen Handeln)

Anhand dieses Konzepts lässt sich wunderbar darstellen, dass die wichtigsten Grundlagen für ein gutes Selbstwertgefühl über die drei Ebenen *Bilder vor dem inneren Auge, auditive Denkmuster* und *wie sich mein Verhalten für mich anfühlt* gesteuert werden. Darüber hinaus helfen dir diese 6 Säulen des Selbstwertgefühls, die Veränderung deines Lebens konkret und greifbar zu machen. Deshalb werden dich diese Muster durch das ganze Buch begleiten und bei deiner Veränderung unterstützen.

Video 8: Die 6 Säulen des Selbstwertgefühls – kurz vorgestellt
www.Säulen.10einfacheSchritte.de

Bewusstes Leben

Ich erlebe bei vielen Klienten, dass sie keine Freude oder positiven Gefühle haben, obwohl sie Dinge machen, die sonst mit einem guten

Gefühl einhergegangen sind. Zum Beispiel ist Philipp in letzter Zeit häufig gedrückter Stimmung und zunehmend antriebslos. Zwar geht er grundsätzlich gerne ins Kino, aber auch das macht ihm keine Freude mehr. Also haben wir seinen letzten Kinobesuch genauer unter die Lupe genommen. Er hatte sich darauf gefreut, im Kino einen guten Film anzuschauen. Der Film war tatsächlich gut, doch er hat Philipp kalt gelassen. Nach unserer Idee hätte aus der Präsenz des Films auch ein gutes Gefühl entstehen müssen. Das war nicht der Fall, daraus schließen wir, dass Philipp den Film gar nicht mitbekommen hat. Er saß zwar im Kino, vor seinem inneren Auge sah er allerdings Bilder, die sich auf seine Vergangenheit und seine Zukunft bezogen. Es ging konkret um Probleme bei der Arbeit, die schon seit längerer Zeit bestanden und durch verschiedene Situationen ausgelöst wurden. Da er zum damaligen Zeitpunkt nicht in der Lage war, diese Probleme zu lösen, entstanden in seinem Kopf dramatische Worst-Case-Szenarien seiner Zukunft. Philipp sah seinen eigenen Horrorfilm vor dem inneren Auge! Hinzu kamen entsprechende auditive Denkmuster wie „Ich werde meine Situation sowieso nicht verändern können" und „Wenn ich gekündigt werde, geht alles den Bach runter". Kein Wunder, dass er keine positiven Gefühle entwickelt hat.

> Deine Energie folgt immer deiner Aufmerksamkeit!

Bewusst zu leben bedeutet, in der Gegenwart zu sein. Wo befindet sich deine Aufmerksamkeit in Bezug auf Bilder vor dem inneren Auge? Sind deine Gedanken tatsächlich in der Gegenwart oder vielmehr in der Vergangenheit oder in einer möglichen Zukunft unterwegs? Was denkst du, was sagst du zu dir selbst?

Selbstannahme

Nimmst du dich selbst an? Woran kannst du festmachen, ob das so ist? Indem du anfängst, dir selbst zuzuhören! Selbstannahme ist ein Prozess, den du mitbekommst, und zwar auf der auditiven Denkebene. Du sagst dir selbst, ob du dich annimmst – und du bekommst eben auch mit, wenn du es nicht tust.

Das betrifft zum Beispiel die Selbstbewertungen: Lobst du dich selbst? In welcher Form kritisierst du dich? Beschimpfst du dich dann oder gehst du konstruktiv an die Sache heran, um die Dinge in Zukunft besser machen zu können?

Eigenverantwortliches Leben

Zu wie viel Prozent bist du für dein Leben verantwortlich? Viele Klienten sprechen hier von Werten zwischen 80 und 90 Prozent. Für mich ist dieses Thema jedoch digital: Entweder habe ich zu 100 Prozent Verantwortung über mein Leben, oder es sind nicht 100 Prozent und damit sind es 0 Prozent. Klar kann dir ein Blumentopf auf den Kopf fallen, wenn du das Haus verlässt. Aber ist das dein Ziel? Du darfst Verantwortung dafür übernehmen, dass es dein Ziel ist, das Haus gesund und munter zu verlassen und wohlbehalten an deinem Ziel anzukommen!

Selbstsicheres Behaupten der eigenen Person

Die eigene Person selbstsicher zu behaupten, nicht nur anderen gefallen zu wollen, sondern den eigenen Überzeugungen und Werten treu zu bleiben – betrachten wir dies vor dem Hintergrund der drei Ebenen zur Gefühlsentstehung.

Wie sehe ich mich selbst vor dem inneren Auge in Bezug auf eine bestimmte Situation? Habe ich alles im Griff oder scheitere ich? Stell dir vor, du hast Angst, auf einer Bühne vor vielen Menschen eine Rede zu halten. Was siehst du hier vor deinem inneren Auge? Wie du auf der Bühne stehst, ausgebuht und mit halbvollen Bierflaschen beworfen wirst? Oder wie du mit festem Stand und leichtem Lächeln sprichst und dein Publikum interessiert zuhört? Und hör einmal auf den tosenden Applaus am Ende deiner Rede! Du merkst schnell, das erste Bild macht ängstlich und unsicher, das zweite macht selbstsicher.

Selbstsicherheit spielt auch auf der auditiven Denkebene eine wichtige Rolle. Du kommst dir zum Beispiel in bestimmten Situationen nicht selbstsicher vor, weil du nicht schlagfertig bist? Im Nachhinein fällt dir fast immer ein passender Spruch ein, mit dem du hättest kontern können? (Den darfst du übrigens aufschreiben, damit du dich in einer ähnlichen Situation daran erinnerst.)

Schlagfertigkeit kann man lernen. Jeder Mensch ist schlagfertig, spätestens nach 24 Stunden! Es geht meist nicht darum, das Richtige zu kontern, sondern etwas mit Wirkung. Darauf kannst du dich auch vorbereiten. Denken wir an den Showmaster Rudi Carrell: „Wenn du ein As aus dem Ärmel zaubern möchtest, musst du dir vorher eins reinstecken!" Häufig erleben wir uns genau dann nicht als selbstsicher, wenn wir vorher nicht erarbeitet habe, in welchen Situationen wir auf welche Weise Selbstsicherheit präsentieren können. Und daraus resultiert ein Problem auf der Ebene des Verhaltens: Mein Verhalten kann niemals meinem Gefühl entsprechen, wenn ich vorher nicht geplant habe, wie ich in einer bestimmten Situation reagieren *möchte*. Und damit kann mein Verhalten nur inkongruent sein und das schlechte Gefühl ist vorprogrammiert!

Zielgerichtetes Leben

Ziele bringen dich in Bewegung. Ohne Ziele gibt es Stillstand, und Stillstand ist der Tod. Wenn du ein Leben ohne Ziele lebst, wozu lebst du dann überhaupt? Denn Ziele existieren ja auch gerade deshalb in deinem Leben, damit du mit einem positiven Gefühl belohnt wirst, wenn du sie erreicht hast. Und genau da wollen wir hin.

Persönliche Integrität

Stimmen deine persönlichen Werte mit deinem Verhalten überein? Machst du das, was du machen möchtest, und vor allem wie du es machen möchtest? Oder machst du Dinge, die du nicht machen möchtest, und damit mal wieder gute Miene zu bösem Spiel? Persönliche Integrität heißt, authentisch zu leben, sich in Worten und Taten an die eigenen Wertvorstellungen zu halten, auch wenn es unbequem ist.

Steht dein Verhalten nicht im Einklang mit deinen Werten und Gefühlen, handelst du nicht deiner persönlichen Integrität entsprechend. Negative Gefühle sind die Folge, auch ein negatives Selbstwertgefühl.

Welche Rollen dein Charakter und deine Vergangenheit für deine Veränderung spielen

Du fühlst dich zu alt, um dein Selbstwertgefühl zu ändern? Dein Alter spielt keine Rolle, es sei denn, du bist Rotwein oder Käse. Es gibt für jeden und immer gute Gründe, bestehende Limitierungen und Blockaden aus einer neuen Perspektive zu betrachten.

60 000 Gedanken am Tag

Vor einiger Zeit habe ich mal Folgendes aufgeschnappt: Wissenschaftler wollen herausgefunden haben, dass wir Menschen am Tag rund 60 000 Gedanken denken. Davon sind im Schnitt gerade einmal 3 000 Gedanken neue Gedanken. Wie auch immer man dies gemessen hat – ich begreife diese Erkenntnis als Metapher. Die absolute Menge an Gedanken ist jeden Tag ungefähr gleich, und auch der Anteil an neuen Denkmustern und -inhalten ist stabil. Daraus ziehe ich zwei Schlüsse:

1. Du erlebst heute bei dir viele Denkinhalte und daran orientierte Verhaltensmuster. Diese sind heute nicht da, weil in weiterer oder näherer Vergangenheit irgendetwas passiert ist, sondern weil sie gestern schon da waren. Und sie werden auch morgen wieder da sein, wenn du heute versäumst, Unterschiede einzubauen.
2. Stell dir ein Haus vor, gebaut aus kleinen Legosteinen. Dieses Haus soll aus genau 60 000 Bausteinen bestehen. Ein großer Anteil des Hauses ist über die letzten Wochen, Monate oder gar Jahre entstanden. Und du hast die Möglichkeit, jeden Tag 3 000 dieser Steine durch neue zu ersetzen. Eine fantastische Möglichkeit! Gehen wir davon aus, dass du erst einmal langsam anfängst, diese Steine zu ersetzen. Vielleicht tauschst du sogar nur einen Stein pro Tag aus. Aber du veränderst etwas an deinem Haus, und darauf darfst du aufbauen! Und du darfst mit der Zeit schneller

werden und bekommst mehr und mehr Möglichkeiten, dein Haus ganz deinen Wünschen und Zielen anzupassen.

Dein Charakter besteht für mich hauptsächlich aus diesen 60 000 Bausteinen. Er besteht aus den Gedanken, die du in der Vergangenheit in dein Haus eingebaut hast. Und hier kommt der springende Punkt: Wenn du von dir selbst sagst, dein Charakter entspreche einer bestimmten Art und Weise, so betrachtest du dich selbst in Bezug auf die Vergangenheit. Gleichzeitig suggerierst du dir dabei, dass sich dies auch auf die Zukunft erstrecken wird! Du hast zum Beispiel bestimmte Veränderungen bisher nicht umsetzen können? Gehe nicht davon aus, dass du hierzu nicht in der Lage wärst. Nicht, weil etwas schwierig ist, machst du es nicht. Sondern weil du etwas bisher nicht gemacht hast, kommt es dir schwierig vor.

> Nicht weil etwas schwierig ist, machst du es nicht. Sondern weil du etwas bisher nicht gemacht hast, kommt es dir schwierig vor.

Ich sehe natürlich auch den Einfluss deiner Gene auf deine Denk- und Verhaltensmuster. Wissenschaftler sind sich noch nicht einig, wie groß der Einfluss der Gene tatsächlich ist. Aus meinen Beobachtungen in der Praxis schließe ich, dass es nicht viel sein kann. Und auch hier zählt für mich die Perspektive: Es geht nicht darum, dass du dich zu 100 Prozent verändern kannst. Es geht darum, dass du erst einmal von der Nicht-Veränderung wegkommst. Ich schließe hier deine Vergangenheit mit ein: Was hat der bisherige Verlauf deines Lebens mit der gewünschten Version deiner Zukunft zu tun?

Video 9: Du denkst 60 000 Gedanken am Tag – warum das bei der Frage nach deiner Persönlichkeit und deinem Charakter eine wichtige Rolle spielt

www.Charakter.10einfacheSchritte.de

Wir ernten, was wir säen

Wir denken also 60 000 Gedanken am Tag, davon sind gerade einmal fünf Prozent neue Gedanken. Ein Großteil deiner heutigen Denkmuster ist deshalb da, weil sie gestern auch schon da waren. Spannend wird nun der Blick auf dein Morgen! Denn ein Großteil der Gedanken, die du morgen denken wirst, wird da sein, weil du sie heute schon gedacht hast. Wir dürfen uns merken: Wir werden morgen ernten, was wir heute gesät haben.

Wie kannst du bewusster erleben, was du säst? Dazu schauen wir wieder auf die beiden Wahrnehmungsebenen des Sehens und des auditiven Denkens, also die Bilder vor dem inneren Auge und die Dinge, die du im Denkprozess zu dir selbst sagst. Diese Bilder haben eine große Macht und werden sogar noch wirkungsvoller, wenn Bewegung in sie kommt, sprich ein Film vor deinem inneren Auge abläuft.

Nimm mal dein Lieblingsauto. Stell dir vor, wie du direkt vor der Motorhaube stehst und auf das Auto schaust. Gefällt es dir? Verändere nun die Perspektive und stell dir vor, du stehst etwas seitlich vom Auto, und nun schweift dein Blick langsam über die Motorhaube, an der Seite des Autos entlang. Besitzt diese kurze Filmsequenz schon etwas mehr Tiefe? Vielleicht kannst du diesen Film noch übertreffen, indem du dich von außen betrachtest, in das Auto einsteigst, klangvoll den Motor startest und davonbraust.

Wir denken viel im auditiven Bereich, und Filme haben oft eine noch größere Wirkung als Standbilder. Viele der ungünstigen Gedankenbilder, die du heute denkst, wirst du auch morgen denken, wenn du sie heute in deinem Kopf in alter Form stehen lässt. So können wir auch formulieren: Wir ernten, was wir sehen!

Video 10: Du erntest, was du säst
www.Ernten.10einfacheSchritte.de

Geld verliert nicht an Wert, wenn wir darauf herumtrampeln

Viele Menschen mussten in ihrem Leben Gewalt auf körperlicher wie seelischer Ebene erleiden. Bei manchen Menschen hinterlässt dies körperliche, bei manchen seelische Wunden. Seelische Verletzungen erleben wir als Schmerz und niedriges Selbstwertgefühl, dabei resultiert das geringe Selbstwertgefühl oft aus konsequenten Selbstabwertungen auf auditiver Denkebene. Auch hier ist es in den meisten Fällen so, dass die Selbstabwertungen nicht die Folge davon sind, dass wir irgendwann einmal misshandelt worden sind. Sondern weil wir mit den Selbstabwertungen zu einem bestimmten Zeitpunkt angefangen haben und es auch gestern noch getan haben.

Um diesen Kreislauf zu durchbrechen, gibt es eine kleine Technik, die ich gerne in der Therapie anwende:

Stell dir einen 10-Euro-Schein vor. Er kommt frisch aus der Druckmaschine und ist noch vollkommen glatt. Ich halte diesen Geldschein vor deine Augen und zerknülle ihn. Ich werfe ihn auf den Boden und stampfe darauf herum. Er ist nun deutlich zerknittert und hat vielleicht sogar einige Risse. Doch du kannst in ein Geschäft oder zur Bank gehen, und dort ist der Geldschein immer noch 10 Euro wert! Was heißt das? Menschen können noch so vehement und mit Gewalt auf dir oder deinen Gefühlen herumtrampeln. Du gehst zwar zerknittert daraus hervor, es verändert aber nicht deinen Wert!

Video 11: Geld verliert nicht an Wert, wenn wir darauf herumtrampeln

www.Geld.10einfacheSchritte.de

Ich habe ein Trauma erlitten – und jetzt?

Wenn du den Karren aus dem Dreck ziehen möchtest, ist es meistens egal, wie er hineingekommen ist. Aufbauend auf diesem Spruch gehe ich folgendermaßen an das Trauma heran: Irgendwann einmal haben wir uns in einer Situation befunden, der wir körperlich und seelisch nicht gewachsen waren. Das kann ein Verkehrsunfall, ein sexueller Übergriff oder der Tod eines anderen Menschen gewesen sein. Fortan verändern sich Dinge auf unserer Denk- und Verarbeitungsebene und es kommen neue Inhalte in unser Gedankenspektrum, die vor dem Ereignis noch nicht da waren.

In der „heißen" Phase direkt nach einem Trauma gibt es verschiedene Behandlungsmöglichkeiten, ich konzentriere mich auf die Phase danach. Denn jetzt spürt der Klient deutlich, dass er durch die Präsenz des Traumas in seinem Alltag limitiert ist, er kann bestimmte Dinge nicht mehr so machen wir früher. Hier greife ich auf die Idee der 60 000 Gedanken zurück. Die Einschränkung besteht nicht, weil jemand traumatisiert ist, sondern weil durch ein Trauma bestimmte Veränderungen auf seiner Denkebene entstanden sind und diese Muster gestern noch vorhanden waren. Dies ist einer der Gründe, weshalb ich bei Traumpatienten nicht an das traumatisierende Ereignis selbst herangehe, sondern an seine heutigen Denkmuster im Vergleich zu denen vor dem Trauma.

Für mich besteht die Kernfrage darin, was genau diese Limitierungen im Alltag bedeuten. Was kann der Traumatisierte heute nicht mehr, was vorher noch ging? Und vor allem: Welche Dinge möchte er in Zukunft wieder machen können? Was würde er bei sich beobachten können, wenn er sich vorstellt, dass er das Trauma bereits verarbeitet hat? Ohne zu tief in den großen Bereich der Traumtherapie einzutauchen, möchte ich uns noch einmal vor Augen führen, dass die Vergangenheit eine durchaus wichtige Rolle spielt. Und für unser gewünschtes Modell von Zukunft muss sie uns nicht mehr im Wege stehen.

Video 12: Ein Basisansatz in der Traumatherapie
www.Trauma.10einfacheSchritte.de

DAS WICHTIGSTE KOMPAKT

- Du kannst gut herausfinden, woher ein Gefühl kommt, wenn du auf den inneren Verarbeitungsebenen „Sehen – Hören – Verhalten" auf Ursachensuche gehst.
- Bilder vor dem inneren Auge wirken – immer!
- Lerne, deiner inneren Stimme zuzuhören.
- Verhältst du dich so, wie es deinen Gefühlen und Werten entspricht? Inkongruentes Verhalten führt zu schlechten Gefühlen.
- Ungünstige Vorannahmen bedingen ungünstige Glaubenssätze – überprüfe, ob sie dir helfen oder dich limitieren.
- Du denkst 60 000 Gedanken am Tag, davon sind gerade einmal 3 000 Gedanken neu – du wirst morgen ernten, was du heute gesät hast.
- Nicht, weil etwas schwierig ist, machst du es nicht. Sondern, weil du etwas nicht machst, kommt es dir schwierig vor.

2 AUF WELCHE DINGE DU ACHTEN SOLLTEST

Dieses Kapitel wird dir dabei helfen, dich in deinem Alltag besser zu beobachten und einzuschätzen. Das ist wichtig, damit du in Zukunft Veränderungen zielorientiert angehen kannst. Dafür betrachten wir die Ebene der Bilder vor deinem inneren Auge und hören uns die Muster an, in denen du denkst. Wir fühlen uns näher in deine persönliche Integrität hinein und lernen, wie du dich im Alltag hinterfragen darfst.

Video 13: Was dich in Schritt 2 erwartet
www.Schritt2.10einfacheSchritte.de

Achte auf die Bilder vor deinem inneren Auge

Innere Bilder wirken. Immer! Im ersten Kapitel habe ich erläutert, dass wir Menschen in den meisten Situationen unseres Lebens auf die Bilder vor dem inneren Auge reagieren.

Betrachten wir einmal das Beispiel der Zukunftsangst: Dennis ist trübsinnig, unmotiviert, oft niedergeschlagen. Bei der Frage, was ihn gedanklich am meisten beschäftigt, spricht er von seiner Zukunft. Er hat zwar einen guten Job, der ihm Spaß bereitet und gut bezahlt wird. Auch lebt er eigentlich in einer glücklichen Beziehung. Uneigentlich aber nütze ihm das gar nichts, denn er beschäftigt sich jeden Tag mit den immer den gleichen Fragen: „Was ist, wenn ich meinen Job verliere? Wenn meine Lebensgefährtin mich verlässt? Was, wenn das, was ich in meinem Leben noch so vorhabe, nicht klappt?“ Dennis hat in Bezug auf seine Umwelt keine Gründe, depressiv zu werden. Vor seinem inneren Auge jedoch werden ihm Dinge präsentiert, auf die er gefühlsmäßig reagiert – und das in keinem Falle überzogen! Denn sein Gehirn bietet ihm eine düstere Zukunft an, geprägt von Verlust, Mangel und Scheitern.

Dein Gehirn denkt dramatisch!

Eine Eigenschaft unseres Gehirns ist es, dramatisch zu denken. Diese Art zu denken scheint unseren Vorfahren einen Überlebensvorteil verschafft zu haben und hat sich deshalb evolutionsbiologisch durchgesetzt. Wir dürfen dankbar für unser dramatisch denkendes Gehirn sein, denn ohne diese Eigenschaft würdest du dieses Buch heute gar nicht lesen können. Weil du vermutlich gar nicht existieren würdest.

Diese dramatisch denkende Eigenschaft kommt vor allem bei einer Fragestellung zum Tragen: Was *könnte* mir in meiner Zukunft passieren? Bei diesem Könnte-Modus schaltet das Gehirn sofort in den dramatischen Modus und präsentiert ein Worst-Case-Szenario als mögliche Zukunft. Und das wirkt!

Video 14: Unser Gehirn denkt dramatisch
www.Drama.10einfacheSchritte.de

Dennis kann seine Zukunft noch nicht kennen. Das Problem aber ist, dass er sie doch irgendwie kennt, indem er sie sieht! Und das wirkt sich auf sein Gefühl im Hier und Jetzt aus.

Dazu ein Beispiel: Ich begleite Benjamin im letzten Drittel seines Studiums. Er hat in früheren Semestern eine Klausur bereits zweimal nicht bestanden und steht jetzt vor dem entscheidenden

Drittversuch. Fällt er wieder durch, ist das Studium für ihn zu Ende, er dürfte sich an keiner anderen Uni für den gleichen Studiengang einschreiben. Entsprechend hoch ist der Druck. Benjamin berichtet, dass er sich intensiv mit dem Lernen beschäftigt. Jedoch kommen etliche Male Gedanken hoch, was denn passiert, wenn er wieder nicht besteht. Er sieht sich selbst, wie er die schlechte Nachricht bekommt, zu seinen Eltern zurückkriechen muss und quasi fast schon auf der Straße steht. Dieser Gedankengang kommt wie aus dem Nichts, überdeckt manchmal auch das konzentrierte Lernen.

„Was könnte passieren" versetzt unser Gehirn in den dramatischen Modus, und es präsentiert ein Worst-Case-Szenario.

Diese Art von Worst-Case-Gedanken kommt passiv, also ohne aktives Zutun. Dennis setzt sich ja nicht bewusst hin und überlegt sich extra, was denn als nächstes bitteschön schief gehen soll.

Dieser ungünstige Ausblick auf seine Zukunft erzeugt jetzt, in der Gegenwart, ein schlechtes Gefühl in Dennis. Mit diesem schlechten Gefühl wird er den Lernstoff mit Sicherheit nur mittelprächtig bis gar nicht in den Kopf bekommen. Und vielleicht wird er trotz des vielen Lernens tatsächlich durch die Prüfung fallen – aus dem ungünstigen Gedanken an die Zukunft ist eine *self-fulfilling prophecy* geworden. Die Prophezeiung hat sich selbst erfüllt.

Wenn Dennis aus diesem Schreckensszenario rausmöchte, geht es im Prinzip nicht darum, wie er herauskommt. Denn er würde sich die Frage stellen, wie er sich vom dramatischen Ergebnis ablenken kann, und macht es damit vor seinem inneren Auge präsent. Man könnte dies auch in folgendem Dialog darstellen:

Klient: „Ich befürchte, dass ich durch die Klausur falle."
Therapeut: „Oh, das wäre ja gar nicht gut. Ist das Ihr Ziel?"
Klient (leicht erbost): „Nein, natürlich nicht!"
Therapeut: „O.k., was wäre denn dann Ihr Ziel?"
Klient: „Na, dass ich nicht durch die Klausur falle!"

Verloren. Mit dem letzten Satz baut der Klient entsprechende Bilder vor dem inneren Auge auf, nämlich, dass er durch die Klausur fällt.

Um dies zu illustrieren, stell dir vor, es gäbe eine Kamera, mit der man die Bilder vor deinem inneren Auge fotografieren könnte, und zwar ein Bild pro Sekunde. Das wären 60 Bilder in der Minute, und am Ende des Tages hättest du einen langen Filmstreifen mit 86 400 Einzelaufnahmen! Das Entscheidende daran ist aber weniger die Zahl, sondern: *Das Bild wirkt.* Und nicht eine Eigenschaft, die an ein Bild gesetzt wird. Ich verabschiede dich zum Beispiel nach einer Sitzung mit den Worten „Komm gut heim. Hoffentlich hast du keinen Stau!“ Woran denkst du in diesem Moment? An eine freie Straße? Oder vielmehr an eine Autokolonne und viele rote Rücklichter? Das *kein* vor dem Stau verhindert nicht, dass du ein Bild vom Stau generierst und dies als Foto im Kopf behältst. Unser Gehirn kann in diesem Sinne mit Verneinungen nicht umgehen.

Gedanken aktiv gestalten

Übertragen wir diese Idee auf Dennis. Der Worst-Case-Gedanke kommt häufig passiv, also ohne großes Zutun. Möchte Dennis etwas verändern, darf er als Erstes selbst aktiv werden. Er darf sein Ziel positiv als gewünschtes Ziel konstruieren: „Ich möchte die Klausur bestehen!“ Diese Aussage geht noch nicht mit einer entsprechenden Präsenz auf der visuellen Ebene einher. Er braucht noch weitere Informationen, um ein wirksames Bild zu erzeugen. „Ich sehe mich, wie ich die Klausur schreibe, und ich habe ein fettes Grinsen im Gesicht, weil ich die Aufgaben gut verstehe und direkt erste Lösungsansätze im Kopf habe.“ Schon besser. „Und bei dem Blick nach vorne sehe ich die hübsche Prüferin mit dem strengen Zopf und dem kurzen Kleid!“ Das macht Laune! (Die geneigte Leserin darf jetzt an Patrick Dempsey denken, der noch einmal persönlich viel Erfolg wünscht.)

Es ist durchaus sinnvoll, bei der konkreten Zielplanung mit realistischen Inhalten zu arbeiten. Dennis hat es bereits geholfen, ein Bild zu haben, welches ihn zum Grinsen bringt. Denn die erfreuliche

Aussicht auf seine Zukunft macht ein gutes Gefühl in der Gegenwart. Und mit diesem Gefühl darf er sich dann an den Schreibtisch setzen und das Lernen in einem gänzlich neuen Modus starten!

Übrigens: Ich denke durchaus, dass der Fokus auf das gewünschte Ergebnis eine wichtige Grundlage für den Erfolg darstellt. Aber ich möchte dabei nicht naiv werden. Ich fokussiere mich nicht auf das gewünschte Ergebnis „Klausur bestehen", vertraue voll und ganz auf dieses Zukunftsbild und lege mich dann zum Sonnen in den Park.

Zielorientiert denken bereitet neue Wege

Das alles hat nichts mit dem viel beschworenen positiven Denken zu tun. Viel zu oft meinen die Leute, man solle doch einfach positiver denken. Fragt man mal nach, was genau man sich denn vorstellen soll, um positiv zu denken, bleiben konkrete Antworten häufig aus.

Nimm dir einmal deine aktuelle Stimmung und platziere sie auf einer Skala zwischen 0 = schlecht und 10 = gut. Gehen wir davon aus, deine Stimmung liegt gerade bei 6,5. Wir spinnen jetzt mal gemeinsam rum: Was könnte heute noch alles passieren, sodass sich deine Stimmung auf der Skala nach unten entwickelt? Du könntest dir den kleinen Zeh am Schrank stoßen. Das Essen schmeckt nicht. Dein Partner kommt schlecht gelaunt nach Hause. Oder du schaltest heute Abend aus Versehen die Nachrichten ein und wirst mit schlechten Bildern konfrontiert, die dein Kopf aufsaugt und als Informationen nicht *nicht* verarbeiten kann.

Machen wir die Gegenprobe: Was könnte heute alles passieren, damit sich deine Stimmung nach oben hin entwickelt? Siehst du etwas? Vermutlich wird sich wenig bis nichts vor deinem inneren Auge aufbauen. Dein Gehirn ist nicht zum positiven Denken konstruiert. Sondern zum dramatischen. Lässt du dich von deinem dramatischen Gehirn kontrollieren, wirst du depressiv. Ich möchte dir beibringen, das dramatische Gehirn unter Kontrolle zu bringen!

> Bringe das dramatische Gehirn unter Kontrolle.

Und das schaffen wir unter anderem, indem wir erst gar nicht versuchen, positiv zu denken und uns dadurch regelmäßig selbst beim Scheitern zuschauen müssen. Greifen wir das Beispiel mit Dennis auf: Dieser hat nicht positiv gedacht, sondern sich die Frage gestellt, was sein Ziel ist. Wir denken also nicht positiv, sondern zielorientiert. Dennis hat sich dadurch in einen anderen Modus gebracht, der mit dem Lernen viel besser zu vereinbaren ist und ihn bei seinem Vorhaben unterstützt. Auch hier können wir wieder von einer *self-fulfilling prophecy* sprechen: Zielorientiertes Denken legt für deinen Zielweg die Pflastersteine. Du kreierst neue Wege – zielorientiertes Denken ist schöpferisch!

Video 15: Positives Denken funktioniert nicht – zielorientiert darf es sein!

www.Denken.10einfacheSchritte.de

Die inneren Bilder verändern

Klar, die inneren Bilder zu verändern ist aufwendig. Aber du wirst gerne bereit sein, diesen Aufwand zu betreiben, wenn du einmal erlebt hast, dass es dir guttut. Und dass es tatsächlich funktioniert! Es funktioniert vor allem, wenn du ein konkretes Bild von deinem Ziel hast.

Wir haben die Wahl. Wir können bei unseren alten ungünstigen Bildern bleiben oder wir verändern die Bilder, indem wir Ziele definieren. Dies hat Auswirkungen auf uns und unsere Umwelt, und zwar im Heute und auf die Zukunft gerichtet.

Szenario 1: Wir verändern unsere Bilder nicht. Dies lässt uns im Heute unglücklich dastehen und es beeinflusst auch die Menschen, die uns umgeben. In der Zukunft wird sich das auf uns und unsere Umwelt ebenfalls ungünstig auswirken.

Szenario 2: Wir verändern die Bilder vor unserem inneren Auge und beschäftigen uns mit unseren gewünschten Zielen. Wir werden eine direkte positive Veränderung bei uns spüren, wovon auch unsere direkte Umwelt profitieren wird. Und auf lange Sicht steigen diese Wirkungen weiter an!

Es ist also sehr hilfreich, diese bildhafte Ebene näher unter die Lupe zu nehmen. Achte in Zukunft ganz genau auf die Bilder vor deinem inneren Auge. Sie lenken dich in deinem Leben und sie limitieren dich. Deine Energie folgt immer deiner Aufmerksamkeit!

Achte auf das, was du zu dir sagst

Wenn du denkst, dann sprichst du zu dir selbst. Und dabei bietest du dir selbst Tag für Tag viele Bewertungsmuster an. Wenn du dich für etwas lobst oder kritisierst, dann sind diese Bewertungsmuster gut erkennbar. Doch die meisten kommen eher unbewusst, oft erkennst du sie noch nicht einmal. Bei diesen Aussagen fällt uns zum Beispiel die Wechselwirkung vielleicht nicht direkt auf:

„Hoffentlich bekomme ich im Job keinen Ärger." – Ich sehe mich selbst, wie ich von einem Vorgesetzten Ärger bekomme.

„Mal schauen, ob er mir heute Blumen mitbringt." – Ich bin es meinem Partner offensichtlich nicht wert, dass er mir auch nur eine kleine Freude macht.

„Andere Menschen haben irgendwie immer mehr Glück als ich." – Ich bin vom Pech verfolgt, und daran wird sich vermutlich nie etwas ändern.

Als Erstes möchte ich, dass du dich überhaupt hörst. Und dann fang bitte an, dir auch *zuzuhören*. Du wirst dabei auf interessante Dinge stoßen, die einiges aus deiner Gefühlswelt erklären können. Vermutlich wirst du eine ganze Menge *Suggestionen* entdecken, die dich in deinem Leben leiten, aber auch limitieren können. Suggestionen kannst du als in die Zukunft gerichtete Befehle an dich selbst verstehen, wie: „Das schaffe ich sowieso nicht." Dann wirst du es auch nicht schaffen.

Wenn ich dich zum Beispiel frage, wie zufrieden du mit deiner Handschrift bist, ist die Wahrscheinlichkeit groß, dass du eher unzufrieden bist. Die meisten Menschen sind mit ihrer Handschrift nicht zufrieden. Und vermutlich würdest du mir erklären, dass man daran ja auch nicht viel ändern kann. Schade.

Hierzu ein Beispiel: Hast du schon einmal Geld gefunden? Stell dir einmal vor, du gehst nachher ein Stück über den Bürgersteig vor der Eingangstür des Hauses, in dem du wohnst. Kannst du dir vorstellen, dass dort eine 1-Cent-Münze liegt? Kannst du dir vorstellen, dass dort eine 1-Euro-Münze liegt? Wie wäre es mit einem 5-Euro-Schein? Bis hierhin gehen viele mit. Sollen wir noch erhöhen? Kannst du dir vorstellen, dass dort ein prächtiger grüner 100-Euro-Schein liegt?

Video 16: Wie Erfahrungswerte unsere Zukunft beeinflussen
www.Erfahrung.10einfacheSchritte.de

Die meisten meiner Gesprächspartner verneinen hier deutlich. „Das wäre doch vollkommen unwahrscheinlich. Da müsste ja jemand lang gelaufen sein, und der müsste den Schein verloren haben. Und dann müsste ich auch noch zufällig als Erster dort vorbeikommen, um ihn zu finden.“

So gut wie jeder spricht in diesem Beispiel irgendwann von der *Unwahrscheinlichkeit*. Dabei ging es in der Frage doch gar nicht darum, wie wahrscheinlich es wäre, dort Geld zu finden. Sondern ob du es dir *vorstellen* kannst, ob du dir ein Bild des Geldscheins *vor* dein inneres Auge *stellen* kannst. Unser Gehirn ist jedoch auf genau diese Unwahrscheinlichkeit programmiert. Bei den verschiedensten Fragestellungen nimmt es erst einmal vorhandene Erfahrungswerte aus unserer Vergangenheit und baut daraus eine Prognose für die Zukunft. Wenn du noch nie einen 100-Euro-Schein gefunden hast, wird es dir schwerfallen, dir diese Situation vorzustellen.

Diese Art deines Gehirns, Zukunft abzuwägen, spielt für deine Veränderung eine große Rolle. Wenn du dich von dieser Vorgehensweise deines Gehirns kontrollieren lässt, lässt du dich auf deine Erfahrungswerte einengen und limitieren. Du suggerierst dir, dass es in Zukunft vermutlich genau so laufen wird, wie du es bisher auch erlebt hast.

Du sagst, an der Handschrift lässt sich nichts mehr verändern, und daher kannst du sie nicht verbessern? Falsch. Du hast einfach noch keine passende Vorgehensweise für dich entdeckt, wie du deine Handschrift schöner gestalten kannst. Aber nicht, weil du etwas nicht kannst, machst du es nicht, sondern weil du etwas noch nicht gemacht hast, kommt es dir schwierig vor. In dem Moment, wo du einen Lösungsweg aufgetan hast und dich beim erfolgreichen Lösen des Problems beobachten konntest, verändert sich deine Einstellung in Bezug auf das Problem. Denn: Nicht das Problem ist dein Problem. Dein Problem ist deine Einstellung zum Problem.

Nicht das Problem ist dein Problem. Dein Problem ist deine Einstellung zum Problem.

Höre dir also in Zukunft genau zu, was du auf einer suggestiven Ebene über deine Zukunft sagst, und wäge ab, ob diese Inhalte dir bei der Erreichung deiner Ziele helfen oder eher im Wege stehen. Henry Ford, der amerikanische Großindustrielle und Schöpfer der Automarke, hat es einmal auf den Punkt gebracht: „Egal, ob du sagst, etwas funktioniert oder etwas funktioniert nicht, du wirst recht behalten."

Wie du dir Wert zuschreibst

Ich arbeite seit einigen Jahren mit einem Rechtsanwalt zusammen, der mir als Klient sehr ans Herz gewachsen ist. Denn es gab noch keine einzige langweilige Sitzung! Wir sprechen häufig über Kanzleithemen, und so haben wir uns auch einmal darüber unterhalten, dass er seinen Alltag in der Kanzlei manchmal recht anstrengend und schleppend findet. Es gebe viele Dinge, die er machen müsse, und nur wenige, die er machen wolle. Daraus ließ sich schnell ein vorzügliches Tafelbild erstellen, auf welchem eine Waage zu sehen war, die sich nicht im Gleichgewicht befand.

Es liegt in der Natur des Menschen, hier zu einem Gleichgewicht kommen zu wollen, und wir überlegten gemeinsam, wie das möglich wäre. Er könne ja versuchen, weniger Dinge zu machen, die er ungern macht, aber machen muss. Zum Beispiel, indem er Aufgaben delegiert oder Prozesse überprüft und Überflüssiges aussortiert. Bei diesem Vorschlag lächelte er nur müde und winkte ab. Ob er denn mehr von dem machen könne, was er machen will und was ihm Spaß macht? Schon eher, doch mangele es hier vor allem an Zeit.

Wir können mehr der Dinge in unseren Tagesablauf einbringen, die wir gerne machen, die Waagschalen werden dann eher im Gleichgewicht sein. Doch ich denke, dass die Waagschalen sich mit der Zeit wieder zu ihrem ursprünglichen Zustand zurückbewegen werden. Dann könnten wir versuchen, noch mehr der Dinge in den Alltag einzubauen, die wir gerne machen. Die Waagschalen werden sich wieder annähern – und sich zeitnah wieder zurückbewegen. Je mehr Gewicht wir in die Waagschale legen, desto größer wird die Gefahr, dass das ganze Konstrukt irgendwann zusammenbricht.

Wie komme ich zu der These, dass sich die Waagschale immer wieder zurück zum Ungleichgewicht bewegen wird?

Irgendwann wurde mir mal eingetrichtert, dass ich direkt nach dem Essen die Spülmaschine einräumen muss, da sonst ... keine Ahnung, ich weiß es nicht mehr. Am nächsten Tag gehe ich hin und sage zu mir selbst: „Ich muss direkt nach dem Essen die Spülmaschine einräumen." Am Folgetag sage ich zu mir selbst: „Ich muss direkt nach dem Essen die Spülmaschine einräumen." Das sage ich mir jeden Tag erneut. Und weil ich es gestern so zu mir gesagt habe, werde ich es mir heute vermutlich genauso suggerieren. Das Gefühl, ich *muss* die Spülmaschine einräumen, kommt nicht daher, dass ich sie wirklich einräumen muss. Sondern weil ich irgendwann einmal angefangen habe, es mir selbst so vorzusagen. Und weil ich in der Zwischenzeit noch nicht dahin gekommen bin, mir zu sagen: „Ich darf echt dankbar sein, dass ich eine Maschine habe, die das Spülen für mich übernimmt. Ich mache mir jetzt mal einen guten Kaffee, schalte meine Lieblingsmusik an und dann darf ich die Spülmaschine einräumen."

Daher meine These: Ich ordne bestimmte Dinge unter *Müssen* ein, weil ich sie irgendwann einmal dort hingesteckt habe. Aus welchem Grund auch immer. Ich habe sie noch nicht unter *Wollen* oder *Dürfen* einsortiert. Doch wenn ich bestimmte Tätigkeiten in meinem Alltag – also im Außen – ersetze oder ergänze, verändert sich dadurch noch nicht automatisch die Art und Weise, wie ich diesen Dingen auf der inneren Verarbeitungsebene einen Wert zuschreibe! Und da das Abarbeiten ungeliebter Aufgaben zumeist schwerer wiegt als die Dinge, die ich gerne mache, geht die Waagschale immer wieder zurück ins Ungleichgewicht. Dazu trägt auch ein weiteres Problem bei: Wenn ich zunehmend versuche, Dinge in meinen Alltag zu integrieren, die ich machen möchte, die *Müssen*-Seite aber nicht neu bewerte, lege ich insgesamt immer mehr Gewicht in die Waage – und das ganze Konstrukt wird früher oder später an der schwächsten Stelle kollabieren.

Vor einigen Jahren lernte ich Svenja kennen. Sie hatte große Probleme mit ihrem Vater und ihrem damaligen Partner. Es kam häufig zu Beleidigungen, vor allem bezüglich ihres Aussehens. Irgendwann hatte sie angefangen, diese externen Bewertungsmuster von Vater und Freund zu übernehmen, und wertete sich fortan in auditiven Denkmustern selbst ab. Teilweise übte sie niederschmetternde Kritik an sich selbst und ihr kam die Idee, dass diese Hasstiraden ja aufhören müssten, wenn sie die Ursache bekämpfte: ihr Aussehen, sprich ihr Körpergewicht. Ihr erstes Etappenziel war noch vertretbar, sie wollte ihr Gewicht von 78 Kilogramm auf 63 Kilogramm reduzieren. Doch dabei blieb es nicht, schnell wurde eine neue Marke bei 55 Kilogramm gesetzt. Die Art und Weise, wie Svenja sich selbst abwertete, veränderte sich trotzdem nicht. Und dann wurde es gefährlich, denn sie sagte sich: „Wenn es jetzt immer noch nicht besser geworden ist, muss ich eben noch weniger wiegen." Und „weniger" ist ein Modus, kein Zielgewicht mehr. Dieser Modus lässt nach unten viel zu viel Spielraum, bis es irgendwann lebensgefährlich zu werden droht. Das war der Moment, in dem wir beide uns kennenlernten.

Magersucht ist eine heimtückische Angelegenheit. Veränderung geschieht bei uns Menschen durch große Schmerzen oder große

Ziele, und bei Essstörungen stehen häufig Schmerzen aus Abwertungsmustern im Vordergrund. Sie bringen die Betroffenen dazu, das Ziel „dünn zu werden“ zu erreichen.

Svenja hatte immer wieder versucht, ihren Körper zu verändern. Was letzten Endes ihr Leben rettete, war die Erkenntnis, dass sich die Art und Weise, wie sie sich selbst bewertete, trotz allen Abnehmens nicht verändert hatte. Nachdem wir uns intensiv um diese Ebene gekümmert hatten, ging es ihr schrittweise besser und sie konnte ihren Modus verändern. Fortan stand weniger ihr Gewicht im Vordergrund, sondern mehr der liebevolle Umgang mit sich selbst.

Ein anderer Fall ist Katharina, die kurz vor der Trauung von ihrem Verlobten verlassen worden war. Sie durchlebte fast alle Phasen, die wir aus Trauerprozessen kennen: Leugnung, Wut, Verhandeln – und blieb vor der letzten Stufe des neuen Selbst- und Weltbezugs hängen. Sie konnte sich auf kaum etwas anderes konzentrieren als auf den Wunsch, dass ihr Ex-Verlobter doch endlich vor ihr auf die Knie falle und ihr erkläre, wie leid ihm das alles tue. Der Wunsch scheint zunächst nachvollziehbar. Doch auch nicht sehr realistisch, denn der Verflossene wird aus seiner Sicht nicht unlogisch gehandelt haben. Er hatte seine Gründe für diese Entscheidung und sah für sich daher vielleicht keinen Grund, sich bei seiner Ex-Verlobten zu entschuldigen.

Video 17: Wenn ich äußere Umstände verändere, ändern sich nicht automatisch meine Gedanken
www.Gedanken.10einfacheSchritte.de

Frage an Katharina: Was würde sich in ihrem Leben konkret verändern, wenn ihr Ex-Verlobter sich tatsächlich zu einer Entschuldigung auf Knien mit einem Strauß aus 99 roten Rosen bewegen lassen würde? Vermutlich nichts. Denn die beiden wären immer noch getrennt. Und Katharina hätte nicht zwangsläufig neue Denkmuster.

Schreibe dir selbst und den Dingen einen neuen Wert zu. Dann ist Veränderung möglich.

Nicht ihr Ex-Partner hat Katharina in ihrem Vorankommen aufgehalten. Es war Katharina selbst, durch die Kraft ihrer eigenen Gedanken. „Wenn er sich entschuldigt, dann ..." Nein. Du darfst dein Leben unabhängig von deinem Ex-Partner planen und nach vorne schauen. Und das tust du, indem du den Dingen und dir selbst einen neuen Wert zuschreibst und nicht darauf wartest, dass sich um dich herum die Dinge verändern.

Achte auf dein Verhalten und deine persönliche Integrität

Du erinnerst dich an den Satz aus dem vorigen Kapitel: Nicht weil etwas schwierig ist, machen wir etwas nicht, sondern weil wir etwas nicht machen, kommt es uns schwierig vor.

Das Verhalten, welches wir bei uns selbst beobachten können, spielt eine enorm wichtige Rolle. Denn deine persönliche Integrität kann nur aufrechterhalten werden, wenn dein Verhalten deinen eigenen Werten und Prinzipien entspricht. Wie in Kapitel 1 beschrieben, hast du in deinem Alltag verschiedenste Strategien, die zum Ziel haben, dass bestimmte Gefühle anwesend oder abwesend sind. Und je nachdem, ob du dich so verhältst, wie du dich verhalten möchtest, oder eben nicht, kommt es zu einem günstigen oder ungünstigen Feedback auf Gefühlsebene. Daher darfst du zunächst lernen, in den wichtigen Momenten auf dein Verhalten zu achten und dich höflich zu hinterfragen, ob das beobachtete Verhalten mit deinem geplanten Verhalten übereinstimmt.

Vermutlich wirst du beobachten, dass dein Verhalten häufig nicht dem von dir gewünschten Verhalten entspricht. Oder?

Das klingt plausibel, die Sache ist aber etwas komplizierter. Denn tatsächlich kannst du Verhalten bei dir beobachten, welches du *nicht* bei dir sehen möchtest. Es gibt jedoch einen kleinen Aspekt, der bei näherer Betrachtung groß wird: Entspricht dein Verhalten noch nicht dem, das du gerne bei dir sehen möchtest, setzt das voraus, dass es eine Definition des gewünschten Soll-Zustands gibt.

Und genau diese Definition wird es in den meisten Fällen noch nicht geben!

Vielleicht sagst du zu dir selbst: „Ich möchte nicht mehr so introvertiert sein." Oder: „Ich will weniger ängstlich sein." Oder: „Ich möchte gerne meine Schüchternheit ablegen."

Diese Sätze betreffen jedoch den Wunsch nach Abwesenheit des Unerwünschten. Und dadurch fokussierst du dich wieder auf das, was du nicht haben möchtest, und machst es somit auf deiner inneren Verarbeitungsebene wieder groß.

Zudem beschreibst du mit diesen Sätzen noch nicht den gewünschten Soll-Zustand. Damit hat dein Gehirn nichts Greifbares, worauf es sich fokussieren kann.

Sagst du dir selbst, dass du nicht das gewünschte Verhalten an den Tag legst, und erkennst du, dass du dich nicht weiterentwickelst, erlebst du dich selbst als defizitär und wertest dich unbewusst oder gar bewusst ab. Einigen wir uns also zunächst hierauf: Du kannst bei dir in vielen Situationen Verhalten beobachten, welches du nicht mehr bei dir wahrnehmen möchtest.

In Kapitel 5 helfe ich dir, die gewünschten Zielzustände zu definieren, die dich weiterbringen und positiv auf dein Selbstwertgefühl wirken werden. Dafür brauchen wir immer möglichst viele Informationen, an welchen Stellen es überhaupt wehtut. Achte also ab sofort darauf, an welchen Stellen du etwas machst, was du eigentlich gar nicht machen möchtest.

Konkret werden

Häufig berichten mir Klienten ihre Symptomatik unkonkret, abstrakt oder als Metapher, also in Form einer bildhaften Umschreibung. Ich frage zum Beispiel Erika: „Sie berichten, dass Sie sich häufig nicht selbstsicher fühlen. In welchen konkreten Situationen tritt das Problem auf?" Als Antwort nennt Erika zwei beispielhafte Situationen: „Bei meinem Partner und auf der Arbeit." Und es gebe definitiv noch mehr Situationen, die fielen ihr aber gerade nicht ein. Hier wird es wichtig: Nicht, weil ich grundsätzlich nicht selbstsicher bin, erlebe ich mich in bestimmten Situationen verunsichert. Sondern weil ich mich in bestimmten Situationen immer wieder als selbstunsicher beobachten kann, bekomme ich aus der Gesamtheit das Gefühl der Selbstunsicherheit.

In diesen Fällen gebe ich dem Klienten meist eine Hausaufgabe: Er soll am besten schriftlich festhalten, in welchen Situationen das Problem auftaucht, welche Präsenz es hat und welche Konsequenzen für ihn daraus resultieren. Solche konkreten Beispiele helfen in der Praxis außerordentlich bei Veränderungen.

So hat Erika zum Beispiel berichtet: „Ich arbeite in der Firma meines Partners und es geht uns grundsätzlich nicht schlecht. Aber ich habe bei verschiedenen Tätigkeiten immer wieder das Gefühl, als ob ich mit einem Gummiband irgendwo festhänge. Und immer wieder nach einigen Metern zurückgezogen werde. Ich komme dann einfach nicht voran."

Ein schönes Bild, mit der man sehr gut arbeiten kann: „Was ist das für ein Gummiband? Können Sie es vielleicht durchschneiden? Oder vielleicht durch konsequentes Dehnen mürbe mache, damit es irgendwann reißt?" Das funktioniert oft gut, bei Erika habe ich jedoch eine andere Methode angewendet:

„Wann genau fühlen Sie sich durch ein Gummiband zurückgezogen?"

„Zum Beispiel, als ich vor Kurzem die Überweisungen machen wollte. Ich habe mich an den Computer gesetzt, war jedoch total unkonzentriert. Mir gingen plötzlich unwichtige Dinge durch den Kopf und ich habe letzten Endes vieles erledigt, außer die Überweisungen zu machen."

Im weiteren Gespräch stellte sich dann folgender Hintergrund heraus: Die Firma das Partners war schuldenfrei und lief gut. Jedoch waren in den letzten Monaten viele Dinge liegengeblieben, weil Erika plötzlich und ernsthaft körperlich erkrankt war und daher ausfiel. Vor der Erkrankung hatte sie die Rechnungen an die Kunden geschrieben und fällige Rechnungen bezahlt. In ihrer Abwesenheit hatte der Partner diese Aufgaben übernehmen sollen, er hatte sie aber nicht erledigt. Und so wuchs der Berg an Rechnungen, die bezahlt werden mussten, und der Kontostand sank. Gleichzeitig erhöhte sich die Anzahl der Rechnungen, die geschrieben werden mussten. Und so hatte Erika den aktuellen Kontostand vor Augen, als es an die Überweisungen ging. Vor diesem Hintergrund ist ihr Verhalten logisch: Wenn ich sehe, wie der Kontostand schrumpft, wird mein Gehirn in einen Sparmodus gehen und verhindern wollen, dass das, was ich noch habe, abfließt. Und mir eine Lähmung verpassen.

Dieses Beispiel zeigt gut, dass wir in diesem Fall nicht das „Gelähmt-sein-durch-ein-Gummiband“ verändern müssen. Sondern dieses Phänomen wird vermutlich direkt verschwinden, wenn die Klientin für einen ausgeglichenen Kontostand sorgt. Sie darf anfangen, die Rechnungen zu schreiben, oder kann die Aufgabe delegieren.

Wenn du also ein ungünstiges Verhalten bei dir beobachtest, schenke ihm Beachtung und schreib dir auf, worum genau es in diesem Moment geht. Denn du willst in Zukunft genau solche Situationen anders erleben, um dich im Allgemeinen besser zu fühlen. Und das kannst du am besten, wenn du genau weißt, worum es eigentlich geht.

Fange an, dich selbst zu hinterfragen

Ich gebe dir jetzt sieben Beobachtungsaufgaben. Lies zunächst die Erläuterungen zu den einzelnen Aufgaben, damit du genau verstehst, worauf ich abziele. Dann kannst anfangen, die Aufgaben zu bearbeiten. Besorg dir am besten ein Notizbuch oder einen Block, um deine Beobachtungen aufzuschreiben:

- Welche Vorannahmen bestimmen mein Leben?
- Nehme ich manchmal Dinge zu schnell an?
- Was sind die Grundlagen für meine Entscheidungen?
- Hat mein Problem vielleicht andere Hintergründe, als es mir auf den ersten Blick scheint?
- Wie setze ich Prioritäten?
- Verdränge ich Probleme?
- Existiert das, worüber ich mir Sorgen mache, wirklich?

Welche Vorannahmen bestimmen mein Leben?

Die Vorannahmen bilden die Grundlagen für deine Überzeugungen: Wenn Frauen ohne Grund sauer sind (Vorannahme), dann sind sie auch in ihrem Verhalten unlogisch, unvorhersehbar und werden dadurch für uns Männer zu einem Buch mit sieben Siegeln (Glaubenssatz).

Oder: Menschen bekommen immer das, was sie verdient haben (Vorannahme). Was habe ich getan, um immer das Schlechte zu verdienen? (Glaubenssatz)

Wir wollen Vorannahmen nicht als etwas grundlegend Falsches betrachten. Sondern diese Annahmen sind von außen in unser Leben getreten, wir haben sie in Erziehung und Alltag übernommen. Wir haben sie jedoch noch nicht auf ihre Richtigkeit geprüft oder darauf, ob uns eine entsprechende Annahme auf dem Weg zu unseren Zielen hilfreich ist.

Achte im Besonderen darauf, wie oft du das Wort *man* gebrauchst. Denn hier spricht meist nicht deine persönliche Vorstellung, sondern eine gesellschaftliche. Und es ist noch nicht einmal die Meinung der Gesellschaft, sondern nur die Meinung, von der du denkst, dass die Gesellschaft sie habe. Sammle deine Vorannahmen und prüfe sie im Hinblick darauf, ob du in Zukunft noch mit ihnen arbeiten möchtest. Oder ob es nicht viel sinnvoller ist, sie durch neue funktionierende und günstigere Vorannahmen zu ersetzen.

Wenn wir zum Beispiel die Vorannahme „Menschen bekommen *nicht* das, was sie verdient haben“ betrachten, können wir das Geschehen in der Welt plötzlich viel besser nachvollziehen.

Nehme ich manchmal Dinge zu schnell an?

Hast du auch schon einmal in der Fußgängerzone einen Zettel in die Hand gedrückt bekommen, obwohl du mit dem Inhalt gar nichts anfangen konntest? Wir Menschen neigen tatsächlich dazu, nach Dingen zu greifen, die uns angeboten werden. Das ist ein Automatismus. Der Gedanke, ob wir überhaupt danach greifen wollen, kommt meist erst einen Schritt später. In der Praxis sage ich genau diese

Worte und reiche meinem Gegenüber einen Stift oder mein Handy hinüber, und er greift danach. Manchmal erzähle ich einfach weiter, und der Klient hält meinen Gegenstand einfach weiterhin brav in seiner Hand. Irgendwann löse ich das Beispiel dann auf und ich bekomme meine Sachen wieder zurück. Um auf den automatischen Handlungsablauf hinzuweisen, biete ich im Gesprächsverlauf wieder nebenbei einen Gegenstand zum Greifen an. Und du darfst raten, was jetzt passiert: Mein Gegenüber wird wieder danach greifen. Ein drittes Mal hingegen klappt das nur selten.

Kristian hat hierzu einmal ein wunderschönes Beispiel mit in die Praxis gebracht: Er erzählte mir, dass seine Freundin am vorigen Abend zu Besuch war. Sie kannten sich zum damaligen Zeitpunkt schon etwas länger, waren glücklich, und die Freundin ging in der Wohnung meines Klienten schon ein und aus. Und dann sagte sie am Vorabend: „Ich fühle mich hier immer noch nicht angekommen!"

Kristian hat generell die Neigung, bei denkwürdigen Angelegenheiten das Außen abzuschalten und sich auf die inneren Denkprozesse zu konzentrieren. Und das manchmal so extrem, dass er vom Drumherum nicht mehr viel mitbekommt. Das ist natürlich kontraproduktiv, wenn ihn seine Freundin gerade eindeutig aufgefordert hat, sich intensiv um sie zu kümmern. Was war passiert? Er hat folgende Aufforderung gehört: Wenn seine Freundin sich immer noch nicht angekommen fühlt, sagt sie ihm das ja nicht ohne Grund. Also möchte sie, dass er jetzt etwas unternimmt, damit sie sich angekommen fühlt! Diese Aufgabe hat er angenommen und scheiterte daran. Vielleicht auch deshalb, weil diese Aufgabe in dieser Situation gar nicht zu lösen war.

Spulen wir einmal kurz zurück und überlegen uns Alternativen dafür, diese Aufgabe direkt anzunehmen.

Möglichkeit 1: Wenn eine Frau spricht, möchte sie gehört werden. Es geht für sie nicht zwangsläufig darum, eine Antwort oder einen Rat zu bekommen, obwohl wir Männer das gerne machen. Kristian hätte also höflich nicken und mit seinen eigenen Aktivitäten weitermachen können. Das haben wir beide allerdings nicht als echte Alternative gesehen.

Möglichkeit 2: Kristian nimmt durchaus einen Auftrag von seiner Freundin an. Dabei geht es aber nicht darum, was er jetzt tun könnte, damit sie sich angekommen fühlt. Sondern dass er jetzt etwas unternimmt, damit sie sich nicht mehr *nicht angekommen* fühlt. Hierbei gibt es nämlich wesentlich mehr Spielraum! Er könnte sie elegant von dem ursprünglichen Gefühl ablenken, indem er sie in ein gutes Restaurant ausführt oder mit ihr einen spannenden Film schaut.

> Greife nach den Dingen – aber schau sie dir ganz genau an.

Es geht nicht darum, dass du in Zukunft nicht mehr nach Dingen greifst, sondern dass du dir näher anschaust, wonach du da gerade gegriffen hast. Schau, ob du überhaupt damit etwas anfangen kannst und gib es im Zweifel wieder zurück. Wie in der Fußgängerzone: Anstatt den Handzettel wegzuwerfen, könntest du ihn einfach zurückgeben.

Wenn du vorschnell nach der Einladung eines anderen Menschen gegriffen hast: Gibt es vielleicht die Möglichkeit, dass du eine Aufgabe wieder zurückgibst? Lässt sich die Aufgabe vielleicht umformen, sodass sie zu dir passt? Und ganz wichtig: Kannst du dich bei der Person, um die es geht, vielleicht einfach mal kurz rückversichern, was die tatsächliche Aufgabe ist?

Was sind die Grundlagen für meine Entscheidungen?

Vor nicht allzu langer Zeit standen in meiner Heimatstadt Wahlen an, es wurde ein neuer Oberbürgermeister gewählt. Eigentlich war ich entschlossen, nicht wählen zu gehen, da der Oberbürgermeister für die Erreichung meiner Ziele nicht relevant ist. Dann dachte ich jedoch: Wenn ich nicht wähle, dann nehme ich eine Chance nicht wahr. Und ich pflege meinen Klienten zu sagen, dass es nicht die falschen Entscheidungen in unserem Leben sind, welche wir bereuen, sondern ungenutzte Chancen. Also entschloss ich mich für den Kandidaten mit dem aussprechbaren Namen. Allerdings war mir klar, dass er nicht gewinnen würde, und ich stellte mir die Frage, wieso ich ihn wählte? Ich kam zu einer interessanten Antwort: Aus Mitleid, damit er nicht so hoch verlieren würde. Ist Mitleid eine gute Grundlage für eine Wahlentscheidung? Ich dachte nein und wählte den Mann mit dem unaussprechlichen Namen. Der dann auch gewann. War mir aber egal, denn ich hatte meine Chance genutzt, worauf es mir im Kern ankam.

Du triffst jeden Tag eine beachtliche Zahl an Entscheidungen. Viele dieser Entscheidungen bekommst du bewusst gar nicht mit: Wenn du in einer Partnerschaft lebst, entscheidest du dich von Tag zu Tag, in dieser Partnerschaft zu bleiben. Oder in deinem Job. Und häufig triffst du die Entscheidung, dich noch nicht zu entscheiden.

Achte in deinem Alltag darauf, auf welchen Grundlagen deine Entscheidungen basieren. Spielen Ängste eine Rolle? Fehlen dir noch Informationen? Welche vermeintlichen Vorannahmen kannst du identifizieren?

Hat mein Problem vielleicht ganz andere Hintergründe?

Markus' Freundin hatte die Beziehung mit ihm auf sehr unschöne Weise beendet. Sie hieß Anna. Immer wenn Markus einem Anna-bezogenen Trigger begegnete, war er wie gelähmt. Er sah das Auto, welches Anna fuhr; er ging an der Eisdiele vorbei, wo sie sich kennengelernt hatten – Anna war präsent und lähmte ihn.

Wir haben es schnell geschafft, Anna eine neue Bedeutung zu geben und in Markus' Kopf Distanz zu ihr herzustellen. Im Verlauf der Therapie hat Markus darüber hinaus einige Dinge in seinem Leben verändert. Nach einem Jahr kam er erneut zu mir, und er berichtete mir von einer interessanten Situation: Er steht in der neuen Ausbildung an der Kreissäge, sägt ein Brett, und Anna ist da. In seinem Kopf. Ohne Trigger. Sie lähmte bei Weitem nicht mehr so wie früher, jedoch verunsicherte ihn ihre Präsenz.

Es gab für Markus keinen ersichtlichen Grund, weshalb Anna in seinem Kopf wieder präsent wurde. Wir fanden jedoch schnell andere Faktoren: Sein Ausbilder stellte sich zunehmend als Vollidiot heraus, die Mitarbeiterzufriedenheit hatte einen Tiefpunkt erreicht, sein Handballteam brach auseinander und in der Familie gab es Stress. Viele einzelne Stressfaktoren, die möglicherweise ein altes Symptom reaktivierten, ohne dass ein bekannter Trigger notwendig war. Und vielleicht war Anna auch nur deshalb wieder aufgetaucht, weil sie in seinem Leben eine so große Rolle gespielt hatte.

In der Therapie habe ich immer im Hinterkopf, nicht nur die bekannten Auslöser für ein Problem zu betrachten, sondern auch nach Ursachen auf anderen Ebenen zu forschen. Gibt es vielleicht Probleme in der Partnerschaft, weil der Job dich schlaucht oder mit Unsicherheit verknüpft ist? Bist du vielleicht nur deshalb so antriebslos, weil du gar nicht weißt, was du in deiner Freizeit erreichen möchtest? Bist du vielleicht deshalb unkonzentriert, weil dir das, worauf du dich konzentrieren sollst, gar nicht wichtig ist?

Fange an, dein Leben ganzheitlich zu betrachten. Gibt es noch mehr Gründe für bestimmte Probleme, als auf den ersten Blick zu vermuten sind?

Wie setze ich Prioritäten?

Stell dir eine Skizze vor, mit der wir die Dimensionen der Dringlichkeit und der Wichtigkeit einer Sache bewerten. Hier gibt es einen Bereich oben rechts, wo dringende und wichtige Dinge einsortiert werden – Priorität 1. Dann gibt es zwei Bereiche, in welchen jeweils nur ein Bereich hoch ausgeprägt ist: Entweder sind die Dinge dringend, aber nicht so wichtig, oder wichtig, aber nicht so dringend. Das sind die Felder oben links und unten rechts mit Priorität 2. Und schließlich gibt es noch den Bereich unten links für Dinge, die weder wichtig noch dringend sind – Priorität 3.

Eine solche Skizze wird dir helfen, deine Tagesprozesse in eine Hierarchie zu bringen. Setze dir Tages- und Wochenziele und trage sie in diese Skizze ein.

In deinem Alltag wirst du es immer wieder erleben, dass wie aus dem Nichts Dinge auftauchen, die maximal dringend und wichtig zu sein scheinen – Priorität 1! Bleib entspannt und schau dir alles genau an. Vielleicht sind die Themen doch bei einer anderen Priorität am richtigen Platz. Manchmal neigt unser Kopf dazu, Gedanken als maximal dringend und wichtig zu präsentieren. Frage dich bewusst, wie dringend und wichtig die jeweiligen Gedankeninhalte sind – meistens werden sie dann von alleine weniger präsent. Oder du realisierst, dass es wirklich höchste Zeit zum Handeln ist!

Video 18: Eine Idee, wie ich in meinem Alltag Prioritäten setzen kann

www.Prioritäten.10einfacheSchritte.de

Verdränge ich Probleme?

Pauls Eltern hatten sich vor einiger Zeit getrennt. Er verstand es gut, diese Thematik zu verdrängen. Er konzentrierte sich maximal auf sein Studium und versuchte, keinen Gedanken über die Situation seiner Eltern zu verlieren. Bis seine Mutter irgendwann mit der frohen Botschaft kam, wieder heiraten zu wollen. Das konnte Paul dann nicht mehr verkraften und brach zusammen.

Erinnere dich an die 60 000 Gedanken mit den 3 000 neuen Gedanken, die wir am Tag denken. Je nach Inhalt unserer Gedanken entwickeln wir uns weiter. Wenn ich bestimmte Probleme verdränge, entwickeln sich die 60 000 Gedanken ohne die Probleminhalte weiter. So die These. Aber es gibt Probleme, die irgendwann zu mir zurückkommen – und dann in schwerwiegenderer Qualität! Damit kommt mein Kopf vielleicht nicht mehr zurecht. Verdrängung ist in einigen Situationen gut, manche Probleme kommen jedoch mit hoher Wahrscheinlichkeit zu mir zurück: zum Beispiel das Loch im Zahn, ich bin meinem Partner untreu gewesen, ich verzichte auf die Chance zu einer persönlichen Weiterentwicklung.

Achte auf deine Verdrängungsmechanismen: Verdrängst du Probleme, die dich irgendwann wieder einholen könnten?

Video 19: Welche Gedanken darf ich verdrängen, bei welchen sollte ich eine andere Strategie wählen?

www.Verdrängen.10einfacheSchritte.de

Existiert das, worüber ich mir Sorgen mache, wirklich?

Nicht weil etwas existiert, stört es, sondern weil ich darüber nachdenke.

Viele der Probleme, die dir Kopfzerbrechen bereiten, sind es im Grunde nicht wert. Daher ist es wichtig, einen Blick hinter die Fassade des jeweiligen Problems zu werfen, um seine wahre Natur zu erkennen. Zum Beispiel fragst du nach: Warum mache ich mir Sorgen? Weil ich ein Problem habe? Wenn ich kein Problem habe, warum soll ich mir Sorgen machen?

Wenn ich ein Problem habe: Ist es lösbar? Wenn ja, wozu soll ich mich also sorgen? Und wenn es nicht lösbar ist, wozu sich dann sorgen?

Du darfst hierbei Folgendes unterscheiden: Probleme sind lösbar, sonst handelt es sich um Tatsachen. Bei Problemen gibt es Lösungsstrategien, bei Tatsachen brauchst du Strategien zur Akzeptanz. Und wenn du einfach nur sagst: „Ich akzeptiere jetzt einfach mal den Ist-Zustand!“

Wenn dir etwas Sorgen bereitet, versuche herauszufinden, worum es dabei genau geht. Versuche, hieraus eine konkrete Problematik abzuleiten: Häufig wirst du für deine Probleme Lösungsansätze finden, die bei einem oberflächlichen Blick noch nicht existieren konnten.

Video 20: Was du in Zukunft machen kannst, wenn du dich sorgst

www.Sorgen.10einfacheSchritte.de

DAS WICHTIGSTE KOMPAKT

- Innere Bilder wirken. Immer.
- Dein Gehirn denkt dramatisch.
- Positives Denken funktioniert nicht, denke zielorientiert.
- Zielorientiertes Denken ist schöpferisch.
- Deine Energie folgt immer deiner Aufmerksamkeit.
- Egal ob du sagst, etwas funktioniert oder funktioniert nicht, du wirst recht behalten.
- Du machst bestimmte Dinge nicht, weil du musst, sondern weil du dir sagst, dass du es musst.
- Du greifst automatisch nach dem, was dir angeboten wird. Du darfst aber entscheiden, ob du es behalten möchtest.
- Nicht weil etwas existiert, stört es. Sondern weil du darüber nachdenkst.

3 WARUM DEIN SELBSTWERTGEFÜHL NOCH NICHT GESTIEGEN IST

Dieses Kapitel zeigt dir auf, warum sich bestimmte Dinge in deinem Leben noch nicht verändert haben. Dabei spielen Ängste, fehlender Egoismus, übertriebene Höflichkeit oder auch einschränkende Glaubenssätze eine wichtige Rolle. Bisher hast du vielleicht auch nur zum Ziel gehabt, dich zu verändern, jedoch noch keine konkrete Richtung vorgegeben. Und natürlich bespreche ich mit dir das Thema, das für deine Veränderung am allerwichtigsten ist: Mut.

Video 21: Was dich in Schritt 3 erwartet
www.Schritt3.10einfacheSchritte.de

Limitierende Faktoren

Zu den Faktoren, die dich daran hindern, Dinge in deinem Leben zu verändern, gehören Angst, fehlender Egoismus, übertriebene Höflichkeit und einschränkende Glaubenssätze.

Ängste lähmen

Angst ist der Hauptgrund, warum die meisten Menschen nicht das Leben leben, das sie gerne leben möchten. Angst kann die unterschiedlichsten Gesichter annehmen: Es gibt zum Beispiel soziophobische Ängste wie die Angst, sich anderen Menschen gegenüber peinlich zu verhalten oder von anderen ausgelacht zu werden. Aber auch fundamentale Ängste wie Existenzangst oder die Furcht, von einem wichtigen Menschen allein gelassen zu werden.

Ängste haben in unserer evolutionsbiologischen Entwicklung eine besondere Rolle gespielt und unsere Vorfahren beim Überleben und der Fortpflanzung unterstützt. Wären unsere Vorfahren keine „Angsthasen" gewesen, könnten wir beide uns heute nicht unterhalten. Ängste haben für uns immer noch eine wichtige Schutzfunktion! Doch an manchen Stellen ist unser Angstzentrum übereifrig und hindert uns bei der Weiterentwicklung. Dass unsere Ängste den heutigen Gefahren nicht immer korrekt angepasst sind, erkennt man zum Beispiel hier: Für viele Menschen wäre es eine große Überwindung, eine vollkommen ungiftige Blindschleiche auf die Hand zu nehmen. An Silvester hingegen laufen viele Menschen mit einem brennenden Böller in der Hand herum, der weitaus gefährlicher ist.

Für die Veränderung deines Selbstwertgefühls spielt das Thema Angst eine wichtige Rolle, und dabei vor allem, wo sich deine Angst abspielt. Die angsteinflößenden Trigger finden sich zwar ansatzweise in deiner Umwelt, das, was dir Angst bereitet, wird sich jedoch am ehesten vor deinem inneren Auge abspielen. Du erlebst eine gefährliche Situation insbesondere als Bild oder Film in deinem inneren Verarbeitungszentrum, worauf dein Angstzentrum reagiert. Führe dir mal die Angst vor der Zukunft vor Augen: Die besten Zukunftsforscher haben es bisher noch kein einziges Mal geschafft, die Zukunft treffsicher vorherzusagen. Du kannst deine Zukunft noch nicht kennen. Und trotzdem reagiert dein Angstzentrum auf die Zukunft, die sich vor deinem inneren Auge abspielt; du kennst deine Zukunft quasi schon. Und sobald du dir die Frage stellst, was sich in deiner

Zukunft abspielen könnte, springt das dramatisch arbeitende Gehirn an und bietet dir Worst-Case-Szenarien an.

Die Landkarte und das Gebiet

Ich möchte dir beibringen, zwischen der Landkarte und dem Gebiet zu unterscheiden. Die Landkarte umfasst die Ideen, die du dir zu einer Sache in deinem Kopf machst, auf die dein Gefühlszentrum reagiert. Daraus können zum Beispiel Angst oder Anspannung, aber auch Vorfreude und Euphorie entstehen. Das Gebiet beschreibt die eigentliche Realität, die tatsächlich greifbaren Dingen, die sich um dich herum abspielen. Oder anders ausgedrückt: Das Bild, das wir uns von der Welt und der Realität machen, ist nicht identisch mit der Welt und der Realität. Es wäre nur natürlich, wenn die Landkarte in deinem Kopf nicht mit dem Gebiet deckungsgleich wäre.

> Die Landkarte enthält deine Ideen, das Gebiet enthält die Wirklichkeit.

Stell dir mal vor, du hättest noch ein Telefonat zu erledigen. Diesen Anruf schiebst du schon länger vor dir her, und du weißt, dass du ihn jetzt endlich machen musst. Vielleicht nimmst du das Gespräch gedanklich schon vorweg und denkst darüber nach, wie unangenehm es werden könnte. Solche Gedanken haben ein hohes Potenzial, dich tatsächlich von dem Telefonat abzuhalten. Diese gedankliche Barriere können wir als eine Art Mauer verstehen. Du stehst vor der Mauer und kommst nicht weiter, wirst zurück in deine Komfortzone geworfen. Die Mauer zu durchbrechen wäre schmerzhaft, also ist es für dich angenehmer, in deiner Komfortzone zu bleiben. Damit wirst du aber nicht weiterkommen. Denn das Leben findet außerhalb der Komfortzone statt.

Video 22: Du darfst unterscheiden lernen: Inwiefern stimmen die Informationen auf deiner Landkarte in deinem Kopf mit dem tatsächlichen Gebiet um dich herum überein?
www.Landkarte.10einfacheSchritte.de

Diese Mauern in Form von Blockaden begegnen uns häufig in unserem Alltag. Wir lassen uns sehr oft von Handlungen abhalten, stellen dann aber im Nachhinein fest, dass es doch gar nicht so unangenehm war, sie zu erledigen. Und das passiert immer wieder, weil wir auf unserer Landkarte im Kopf andere Informationen haben, als sich im Gebiet tatsächlich wiederfinden ließen.

Das Leben findet außerhalb der Komfortzone statt.

Achte in Zukunft darauf, ob du dich in bestimmten Situationen vor einer Mauer befindest und dazu neigst, in deiner Komfortzone zu bleiben. Stelle dir dann in Bezug auf deine Ängste folgende Fragen:

- Ist die Angst begründet?
- Kann ich wirklich sicher sein, dass die Angst begründet ist?
- Was würde passieren, wenn ich die Mauer durchbrechen würde? Wie schmerzhaft könnte das sein?
- Was erwartet mich hinter der Mauer?
- Was erwartet mich, wenn ich in meiner Komfortzone bleibe?

Fehlender Egoismus

Ein weiterer Faktor, der sich limitierend auf dich auswirken kann, ist Egoismus. Oder vielmehr die fehlende Bereitschaft hierzu! Wir neigen dazu, uns viele Gedanken darüber zu machen, was andere Menschen über uns denken könnten (und im Könnte-Modus neigt das Gehirn bekanntlich zu Worst-Case-Szenarien). Dabei machen wir manchmal auch Dinge, die wir eigentlich gar nicht machen möchten, nur um anderen Menschen zu gefallen. Man könnte auch sagen, dass wir uns manchmal extra viel Mühe geben. Betrachte mal den Zusammenhang zwischen der Mühe, die du dir machst, und dem Nutzen. Je mehr Mühe du dir machst, desto mehr Nutzen entsteht daraus. Doch diese steigende Kurve erreicht ein Maximum und fällt dann wieder ab. Von dieser Stelle an kannst du dir noch so viel Mühe geben, die Effektivität wird immer geringer.

Video 23: Egoismus ist nicht unbedingt schlecht
www.Egoismus.10einfacheSchritte.de

Du darfst in Zukunft herausfinden, wann dieses Maximum erreicht ist. Das geht am besten, indem du mit den Menschen redest, für die du dir Mühe gibst, und diese direkt fragst, womit du am besten weiterhelfen kannst.

So übernehmen viele Menschen Aufgaben, um vor anderen nicht als egoistisch dazustehen bzw. um sich beliebt zu machen. Dinge für Kollegen oder für die Gemeinschaft zu machen ist in Ordnung – so lange es dir damit gut geht. Doch irgendwann machst du so viel für andere, dass es auf sozialer Ebene keinen Vorteil mehr bringt und darüber hinaus an deinen Kräften zehrt. Vielleicht fangen andere Menschen sogar an, dich auszunutzen, weil du so „hilfsbereit“ bist. Dann ist es höchste Zeit, dich nur noch gezielt – „egoistisch“ – zu engagieren.

Versetze dich einmal in folgende Situation: Du sitzt in einem Flugzeug und fliegst in den Urlaub. Aufgrund eines technischen Defekts kommt es zu einem Druckabfall in der Kabine und die Sauerstoffmasken fallen aus der Decke. Links neben dir sitzt eine ältere Dame und rechts von dir ein Kind. Wer bekommt zuerst die Sauerstoffmaske?

Ich habe diese Frage schon vielen Menschen gestellt und immer das Gleiche erlebt: Mein Gegenüber macht sich Gedanken darüber, ob er zuerst dem Kind oder der älteren Dame die Sauerstoffmaske reicht. Dabei ist es überlebensnotwendig, dass du dir selbst zuerst die Sauerstoffmaske überziehst! Denn nach wenigen tiefen Atemzügen wirst du bewusstlos sein und kannst gar keinem mehr helfen. Vor allem könntest du im Falle einer Bruchlandung nicht mehr selbstständig das Flugzeug verlassen.

Es ist nicht egoistisch von dir, zuerst dich selbst zu versorgen und danach anderen zu helfen. Ganz im Gegenteil, nur wenn du zuerst an dich denkst, kannst du anderen überhaupt noch eine adäquate Hilfe sein. Wirklich egoistisch wäre es, wenn du dir die Sauerstoffmaske überziehst und dich in deinem Sitz zurücklehnst.

Achte also darauf, in welchen Situationen du dein Handeln danach ausrichtest, dass du nicht für egoistisch gehalten wirst. Und frage dich, ob das wirklich passieren würde. Denn wenn du immer nur an andere denkst, hast du meistens einen vergessen: dich selbst. Und wenn du selbst andere immer zuvorkommend und als Erste behandelst, dann kann das nicht gut für dein Selbstwertgefühl sein!

Übertriebene Höflichkeit

Höflichkeit bedeutet, freundlich und zuvorkommend zu sein, sich anderen gegenüber respektvoll zu verhalten. Sie regelt das Miteinander. Doch häufig resultiert Höflichkeit auch aus der Befürchtung, was andere über dich denken könnten, dann neigen wir zur Übertreibung. Und übertriebene Höflichkeit ist weder für die zwischenmenschliche Ebene noch für deinen Selbstwert gut. Zum einen wirkt sie eher negativ auf andere, zum anderen machst du dich selbst klein, wenn dein Fokus auf der Höflichkeit anderen Menschen gegenüber liegt. Dann bist du zu dir selbst meist nicht mehr höflich.

An einem Dezembermorgen kam Thorsten zu mir in die Praxis. Er ist Feuerwehrmann, arbeitet im Schichtdienst, hat also einen stressigen Job. Außerdem renovierte er gerade seine Wohnung, wie ich wusste. Daher wunderte es mich nicht, dass er in einem farbverschmierten Blaumann ankam. Er begrüßte mich mit den Worten: „Bitte entschuldigen Sie mein Aussehen! Sie wissen ja, dass ich zu Hause am Renovieren bin.“ Ich habe freundlich zurückgegrüßt und seine Worte später in das Gespräch einbezogen. Das hörte sich in etwa so an:

„Als Sie mich vorhin begrüßt haben, haben Sie sich da wegen Ihres Aussehens schuldig gefühlt?“

„Eigentlich nicht, wieso?“

„Na, weil Sie sich entschuldigt haben!“

„Nein, das war nur eine Floskel, das sagt man doch so.“

Ein interessantes Beispiel. Einerseits hat Thorsten etwas gemacht, was er eigentlich gar nicht machen wollte: Er hat sich für etwas entschuldigt, obwohl er sich gar nicht schuldig fühlte. Er konnte also ein Verhalten bei sich beobachten, das er eigentlich nicht bei sich beobachten möchte. Denn wenn wir etwas machen, was wir nicht machen möchten, entsteht aus dieser Inkongruenz ein schlechtes Gefühl, das mit einer Abwertung beim Selbstwertgefühl einhergeht.

Andererseits entsteht aus unserem Verhalten auch wiederum ein Gefühl. Wenn ich nicht gut geschlafen habe und nach dem Aufstehen als Erstes die Kaffeemaschine ansteuere, schleppe ich mich müde und schlapp dorthin. Wenn ich schlecht gelaunt dort ankomme, dann nicht nur, weil ich schlecht geschlafen habe, sondern auch, weil ich noch nicht in aufrechtem Gang und von Power-Posen begleitet zur Kaffeemaschine stolziert bin! Je nachdem, wie ich mich fühle, verhalte ich mich auch, und je nachdem, wie ich mich verhalte, fühle ich mich auch. Es ist ein Kreislauf, den wir häufig nutzen können, um ein Gefühl zu verändern.

> So, wie du dich verhältst, so fühlst du dich. Lächle, dann bekommst du gute Laune.

Nimm dir bei nächster Gelegenheit mal einen Stift und beiße so mit den Zähnen darauf, dass der Stift deine Lippen nicht berührt. Halte diese Stellung für eine Minute. Du wirst dich danach besser fühlen! Denn in dieser Haltung lächelt dein Mund, dein Gehirn schüttet Glückshormone aus und du wirst fröhlich. Das Gehirn reagiert also nicht auf dein Gefühl, sondern auf deine Mimik, auf dein Verhalten.

Zurück zu Thorsten: Er hat sich für etwas entschuldigt, wofür er sich nicht schuldig gefühlt hat. Aus diesem Verhalten könnte tatsächlich ein Gefühl von Schuld resultieren, das vorher gar nicht da war. Achte für ein besseres Selbstwertgefühl also darauf, dass du anderen Menschen gegenüber höflich bist, aber auch mit dir selbst höflich umgehst. Und du solltest dich nicht mehr für etwas entschuldigen, wofür du dich gar nicht schuldig fühlst. Ich meine nicht die Situationen, in denen du objektiv betrachtet wirklich Schuld hast.

Du sollst nicht zu deinem Nachbarn gehen, ihm eine donnern und dann sagen: „Ich habe eine Impulskontrollstörung, für das Verhalten kann ich nichts und werde mich auch nicht entschuldigen, weil ich mich gar nicht schuldig fühle!" Sondern es geht um die vielen kleinen Situationen, in welchen du Verantwortung für etwas übernimmst, indem du dich entschuldigst, aber gar keine Kontrolle über die Sache hattest. Und vor allem wirst du damit nicht ändern, was andere über dich denken. Denn das, was andere über dich denken, kannst du im Grunde sowieso nicht beeinflussen!

Vorannahmen und Glaubenssätze

Vorannahmen sind die Fundamente für deine Glaubenssätze. Und sie sind sehr gut darin, dich in deinem Vorankommen auszubremsen. Kontrolliere daher immer wieder, nach welchen Vorannahmen und Glaubenssätzen du dein Leben strukturierst, und sortiere im Zweifel aus. Das geht meist ganz einfach: Frage dich, ob das, was du gerade denkst, tatsächlich korrekt ist.

Zu den Vorannahmen und Glaubenssätzen habe ich ein schönes Beispiel: Mit Manuel, einem jungen Studenten, habe ich über einen längeren Zeitraum viele verschiedene Themen bearbeitet. Unter anderem das Thema Frauen. In einer Sitzung erzählte er mir von dem seltsamen Verhalten einer Mitstudentin, die er vor einiger Zeit kennengelernt hatte. Er wollte von mir wissen, wie ich diese Verhaltensweisen einschätzen würde. Ich bestätigte ihm, was er selbst schon vermutet hatte: Die Mitstudentin versuchte mit ihm zu flirten. Das brachte Manuel in eine Zwickmühle. Denn sie war eine gute Freundin, und wenn er jetzt auf die Annäherungsversuche eingehen würde, könnte es auch auf Beziehungsebene klappen. Oder es klappte nicht, womit er dann aber die Freundschaft aufs Spiel setzen würde. Das klassische Dilemma: Beide Alternativen sind ungünstig und der Kopf weigert sich, irgendeine Entscheidung zu treffen. (Wie man ein solches Dilemma lösen kann, beschreibe ich in Kapitel 9). Wir haben hin und her überlegt, aber keine gute Lösung gefunden. Also sind wir noch einmal an den Anfang gegangen. Ich fragte

Manuel: Was ist das eigentlich für eine Freundschaft? Volltreffer! Er war über seine eigenen Worte verwundert: „Eigentlich sind wir gar nicht wirklich befreundet. Ich habe in der Vergangenheit vielmehr versucht, als Freund ständig in ihrem Radius zu sein, um mich als möglichen Beziehungspartner präsent zu halten."

Wir hatten also die ganze Zeit im Rahmen der Vorannahme, er sei mit seiner Mitstudentin befreundet, über das Thema gesprochen. Würde er auf das Flirten eingehen, wäre der Einsatz hoch, nämlich eine Freundschaft. Doch nachdem wir die Vorannahme genauer angeschaut und klargestellt hatten, dass es sich gar nicht um eine Freundschaft handelte, konnte Manuel sich viel freier bewegen. Er ging auf die Flirtversuche ein und kam der Auserkorenen näher. Was mit einer Enttäuschung einherging, denn ihr Charakter stellte sich doch wesentlich unattraktiver dar, als er aus der Ferne zu sein schien. Doch hielt sich Manuels Frustration in Grenzen, denn nun brauchte er auch nicht mehr wie ein Satellit um sie herumzuschwirren.

Der erste Gedanke zu einer Sache

Ein weiterer Aspekt bei Vorannahmen und Glaubenssätzen ist dein erster Gedanke zu einer Sache. Auf einer Wanderung im Wald sprach ich mit meinem Klienten Frank über seine Gedankenmuster. Dabei fiel mir Folgendes auf: Wenn man Frank auf seinen ersten Gedanken zu einer Sache reduzieren würde, wäre er ein recht negativ eingestellter Mensch. Häufig erwischt er sich bei Gedanken wie „zu gefährlich", „macht bestimmt keinen Spaß" oder „andere können das bestimmt besser als ich". Der erste Gedanke zu einer Sache ist nicht besonders bedeutend oder richtig, sondern halt der erste Gedanke zu einer Sache. Doch das Interessante war: Frank dachte nach dem ersten Gedanken keinen weiteren mehr, sondern fühlte sich im ersten Gedanken gefangen und schaukelte sich in seinem problematischen Denkmuster immer weiter hoch.

Auch du wirst bei dir viele „erste Gedanken" finden können, die dich stören und damit einen ungewünschten Effekt auf dein Selbstwertgefühl haben. Wenn du versuchen würdest, diesen ersten Gedanken zu verändern, würdest du vermutlich scheitern. Denn dieser Gedanke ist eine Art Reflex: Er entspringt diesem Trott von 60 000 Gedanken, die dein Gehirn am Tag denkt. Du kannst den ersten Gedanken nicht verändern, aber du kannst ihn entmachten.

Begib dich in eine Situation, in welcher ein klassischer erster Gedanke in deinem Gehirn auftaucht. Schau dir diesen Gedanken an: Ist das, was du in dem Moment vor Augen geführt bekommst, die Art und Weise, wie du denken möchtest? Gehen wir einmal von einem Nein aus.

Wenn dieser Gedanke in Zukunft nicht mehr kommen soll, welcher Gedanke soll dann kommen? Wir sprechen wieder von einem Ziel: Welchen Zustand wünschst du dir?

Der erste Gedanke zu einer Sache ist nicht besonders bedeutend oder richtig. Es ist lediglich der erste Gedanke.

Wenn du für dein Ziel eine günstige Definition gefunden hast, kannst du planen, diesen Gedanken bewusst an den ersten Gedanken anzuschließen, wenn er denn das nächste Mal auftaucht. Je detaillierter du diesen zweiten Gedanken planst, desto besser kann er für dich wirken und den ersten Gedanken mit einer Alternative ergänzen. Dadurch kann der erste Gedanke zu einer Sache nicht mehr so stark wirken. Und das nicht nur in der Situation, in der du diese Struktur anwendest. Mit der Zeit wird dein zweiter Gedanke (und die vielleicht folgenden dritten, vierten, fünften Gedanken) den klassischen ersten Gedanken zu einer Sache verdrängen.

Mit diesem Modell kannst du zwei Dinge erreichen: Zum einen wirst du dich von deinem ersten Gedanken zu einer Sache nicht mehr so stark eingefangen und limitiert fühlen. Und durch wiederholte Übung wird es dir gelingen, diesen ersten Gedanken zunehmend durch einen gewünschten Gedanken zu ersetzen.

Ein hilfreiches Bild dafür ist es, diesen ersten Gedanken wie auch andere Gedanken à la „Was ist, wenn etwas nicht klappt?“ als Lichtschalter zu betrachten. Wir alle haben eine Art Lichtschalter im Kopf, der mindestens einmal am Tag kaputtgeht. Für den Studenten zeigt sich dies vielleicht in dem Gedanken „Was mache ich, wenn ich die

Klausur nicht bestehe?“ und für den Selbstständigen vielleicht in der Form „Was ist, wenn ich keine neuen Kunden bekomme?“ Wir alle haben diesen Lichtschalter im Kopf und er neigt dazu, mindestens einmal am Tag kaputtzugehen. Du kannst lernen, diesen Lichtschalter zu reparieren. Nicht so, dass er nicht mehr kaputtgeht, sondern dass du ihn schneller reparieren kannst. Dies übst du, indem du dir immer wieder folgende Fragen stellst:

Ist das, was ich vor meinem inneren Auge sehe, tatsächlich mein Ziel?

Ist das, was ich in meinen auditiven Denkmustern über mich selbst höre, das, was ich über mich sagen möchte?

Ist das Verhalten, welches ich gerade bei mir beobachte, das Verhalten, welches ich beobachten möchte?

Video 24: Was bedeutet der erste Gedanke zu einer Sache? Und wie kann ich dieses erste Reagieren zukünftig verändern?
www.Gedanke.10einfacheSchritte.de

Ungünstige Zielsetzung

Du hast das Ziel, dass dein Selbstwertgefühl in Zukunft nicht mehr so niedrig ist? Aber es tut sich nichts? Es gibt verschiedene Möglichkeiten, warum dein Ziel sich noch in weiter Ferne befindet. In diesem Kapitel befassen wir uns damit, wie ungünstige Zielsetzungen zustandekommen.

Unterlassene Dinge hindern daran, ein Ziel zu erreichen

Tobias kam zwei Tage vor seiner Nachprüfung in Französisch zu mir in die Praxis. Wir hatten schon einige Male zusammen gearbeitet, um seine Prüfungsangst in den Griff zu bekommen, und waren auf einem guten Weg. In dieser Sitzung erzählte Tobias mir, dass er morgens mit einer tiefen Traurigkeit aufgewacht sei. Er konnte sich das nicht erklären, denn er hatte weder schlecht geträumt noch fürchtete er sich vor seiner Prüfung. Diese Traurigkeit war neu.

Ich fragte Tobias, ob er am Vorabend geplant hatte, morgens traurig aufzuwachen. Er verneinte dies und wunderte sich über die Frage. Dann fragte ich ihn, ob er am Vorabend geplant hatte, mit etwas anderem als Traurigkeit aufzuwachen. Er meinte, er habe sich am Vorabend gar keine Gedanken über den nächsten Tag gemacht.

Probleme entstehen, weil Dinge getan werden, die unterlassen bleiben sollten, und weil Dinge unterlassen bleiben, die getan werden sollten. Tobias hatte vielleicht nicht unbedingt etwas getan, was dazu geführt hat, dass er traurig aufgewacht ist. Er hat aber auch gewisse Dinge unterlassen, die ihn fröhlich hätten aufwachen lassen.

Du kannst zum Beispiel beim Einschlafen planen, wie gut gelaunt du morgens aufwachen möchtest. Oder du stellst dir vor, was im Moment wirklich gut klappt und dir Freude bereitet. Oder du machst dir bewusst, wie gut es dir im Grunde geht, weil du genug zu essen und ein Dach über dem Kopf hast, gesund bist etc.

Es geht nicht unbedingt darum, dass du bisher vielleicht Dinge gemacht hast, die dich von einem steigenden Selbstwertgefühl abgehalten haben. Sondern dass du gewisse Dinge noch nicht gemacht hast, die zu einer positiven Veränderung führen würden.

Ziele richtig definieren

Ich habe es oben bewusst so formuliert: Du hast das Ziel, dass dein Selbstwertgefühl in Zukunft nicht mehr so niedrig ist. Vielleicht ist genau das der Grund, warum dein Selbstwertgefühl noch nicht gestiegen ist: Bisher hast du fokussiert, wie du nicht mehr sein möchtest, und noch nicht, wie du sein möchtest.

Wenn wir Menschen rund 60 000 Gedanken am Tag denken, wovon gerade einmal 3 000 Gedanken neu sind, sind die Dinge, die du heute im Kopf hast, höchstwahrscheinlich auch morgen da. Du erntest morgen, was du heute gesät hast. Und was säst du, wenn dein Ziel ist, dass dein Selbstwertgefühl nicht mehr so niedrig ist?

Beziehungsweise was siehst du dabei? Erinnere dich an den Abschiedsgruß: „Komm gut an, hoffentlich hast du keinen Stau!" Nach diesem Satz hast du kein Bild einer leeren Straße vor deinem inneren Auge, sondern du siehst viele rote Rücklichter. So auch bei deiner ursprünglichen Zieldefinition: Du siehst ein immer noch niedriges Selbstwertgefühl. Und da deine Energie immer der Aufmerksamkeit folgt, wird sich dein Kopf auf das niedrige Selbstwertgefühl fokussieren. Und deshalb würde sich nichts verändern.

Daher folgt jetzt einer meiner wichtigsten Ratschläge: Fange an, deine Ziele als gewünschte Ziele zu formulieren. Dein Ziel ist nicht, dass du kein niedriges Selbstwertgefühl mehr hast. Sondern dass du ein hohes Selbstwertgefühl anstrebst!

Diese Formulierung alleine reicht natürlich noch nicht aus. In Kapitel 5 erkläre ich ausführlich, wie du deine Ziele definierst. Bei dieser ersten Veränderung, Ziele als gewünschte Ziele zu formulieren, entstehen noch nicht zwangsläufig greifbare Dinge für dein Gehirn – doch die Ausrichtung ist bereits eine gänzlich andere und viel erfolgversprechender.

Das Ziel und der Weg dorthin

Ein weiterer Grund, weshalb dein Selbstwertgefühl noch nicht gestiegen ist, könnte sein, dass du nach dem *Wie* fragst. Wie kann ich meine Situation verändern? Wie kann ich meine Ängste bekämpfen? Wie kann ich mein Selbstwertgefühl steigern?

Hierzu eine Frage: Was wäre für dich am sinnvollsten? Zu Fuß, mit dem Fahrrad, mit dem Auto oder mit dem Flugzeug ans Ziel zu gelangen? Du kannst hier keine Entscheidung treffen, ohne mehr zu wissen. Vielleicht denkst du an die zunehmende Umweltverschmutzung und entscheidest dich für das Fahrrad. Denn das Auto und das Flugzeug verpesten die Luft, und mit dem Fahrrad bist du schneller als zu Fuß. Wenn es in den Urlaub nach Mallorca geht, solltest du allerdings ganz schön viel Zeit einplanen.

Es ist sinnlos, sich Gedanken über den Weg zum Ziel zu machen, wenn du das Ziel noch nicht kennst. Das *Wie* steht für den Zielweg und das *Was* für dein Ziel. Wenn du noch kein Ziel definiert hast, ist jeder Weg der zugleich richtige und falsche für dich und du wirst nie eine Entscheidung treffen können, mit der du zufrieden sein wirst.

Achte also darauf, ob du dir vorschnell Gedanken über deine Zielwege machst. Und mache dir erst einmal bewusst, wohin du überhaupt möchtest!

Video 25: Lass dich nicht bremsen, weil du noch nicht weißt, *wie* du dein Ziel erreichst. Wichtiger ist, *was* du überhaupt erreichen möchtest.

www.Wie.10einfacheSchritte.de

Quantitative und qualitative Gedanken

Ein Wissenschaftler erklärte mir einmal, dass wir Menschen ausschließlich aus Atomen bestehen, und dass Atome ausschließlich aus Energie und ziemlich viel Nichts bestehen. Wir sind also im Grunde genommen reine Energiewesen, unsere Gedanken sind Energie, wir leben in einer Welt aus Energie. Ich finde die Idee spannend, meine Gedanken als Wünsche zu formulieren, in das Universum zu senden und ein Gefühl von Dankbarkeit zu entwickeln, vielleicht noch in einen Empfangsmodus zu gehen. Meine Wünsche könnte ich dann vom Universum erfüllt bekommen. Wer mehr hierüber erfahren möchte, beschäftige sich mit „The Secret" von Rhonda Byrne und Paul Harrington. Ich habe das Buch vor einigen Jahren gelesen und denke, dass die Lektüre der ersten dreißig Seiten ausreicht. Danach wiederholen sich die Gedanken, prägen sich aber vielleicht auch umso besser ein.

Ich habe mir zu dem Thema mal ein paar Gedanken gemacht. In einem Skiurlaub habe ich auf die Kabine gewartet, die mich auf den Berg bringt. Es gab eine linke und eine rechte Gondel. Man konnte von der Talstation aus nicht sehen, welche der beiden Kabinen herunterfährt, um uns dann nach oben zu bringen. Frage: Kann ich durch den Wunsch, die rechte der beiden Gondeln zu bekommen, einen laufenden Prozess verändern? Kann ich die von mir wegfahrende Gondel zur Umkehr „denken“, sodass sie zu mir herunterfährt? Ich denke nicht. Dinge, die sich gegen unsere bekannten Naturgesetze verhalten, haben sich noch nicht beobachten lassen. Es könnte jedoch Folgendes passieren: Mit dem Wunsch, mit der rechten Gondel zu fahren, stehe ich am nächsten Tag instinktiv früher auf, erwische den passenden Bus und sitze in der ersten Gondel, die Skifahrer auf die Pisten bringt, und das ist immer die rechte.

Quantitative Gedanken genügen nicht

Daraus ziehe ich für mich folgenden Schluss: Zielorientiertes Denken ist schöpferisch! Es kann nicht funktionieren, dass ich die ganze Zeit denke „Porsche, Porsche, Porsche“ und plötzlich materialisiert er sich vor meiner Nase. Das würde die Gesetze der Natur brechen. Ich kann aber mit diesem Gedanken Wünsche und Ziele in meinem Kopf präsent machen. Diese können mir dann bei der Entscheidung helfen, ob ich mich auf die Couch lege oder lieber noch einmal an den Rechner setze, um wichtige Dinge abzuarbeiten. Ob ich in meinem alten Job bleibe oder mich um einen besser bezahlten Job kümmere, in dem ich auch zufriedener wäre.

Allerdings hilft mir der alleinige Gedanke „Porsche“ noch nicht so viel. Denn das ist erst einmal nur ein *quantitativer Gedanke*. Ein quantitativer Gedanke kann noch nicht so viele Emotionen in mir auslösen, die mich und meine Motivation lenken können. Hierzu brauche ich einen *qualitativen Gedanken*. Wie komme ich zu einem qualitativen Gedanken?

Einen qualitativen Gedanken entwickeln

Ich saß in einem hübschen Häuschen in meinem Lieblingsurlaubsort in den Niederlanden. Da kam mir der Gedanke, dass ich hier gerne einmal ein eigenes Feriendomizil hätte. In meinem Kopf wurde die Stimme laut: „Irgendwann einmal gehört dir hier auch so ein Ferienhaus!“ Und plötzlich kam eine Stimme von hinten rechts und sagte: „Ja, das wäre schon toll! Aber das klappt sowieso nicht.“ Hä?

Wo kam das denn jetzt her? Scheinbar hatte mir mein Bauchgefühl eine wichtige Information zukommen lassen: Ich habe noch keinen qualitativen Gedanken erreicht. Ich betrachte das Bauchgefühl wie andere Gefühle auch als Feedbackmechanismus. Nur dass mein Bauchgefühl aus langfristigen Erfahrungswerten zusammengesetzt ist. Möchte ich mein Bauchgefühl zu einer Sache verändern, darf ich also über einen längeren Zeitraum gedankliche Arbeit investieren. Der quantitative Gedanke allein genügt dazu nicht. Ich kann noch so häufig „Hollandhaus, Hollandhaus, Hollandhaus!" denken, doch daraus wird kein qualitatives Gefühl entstehen, was auch mein Bauchgefühl positiv beeinflussen würde.

Ich fand dann eine Lösung, die über die quantitative Komponente klappen könnte: Im nächsten Urlaub brachte ich mein Lasermessgerät mit, um das gesamte Haus aufzumessen. Jeden Raum, jeden Winkel, jede Dachschräge. Und dann nahm ich mir immer mal wieder Zeit, um das Aufmaß Schritt für Schritt in ein 3D-Architekturprogramm einzupflegen. Ich gestaltete jeden Raum ganz nach meinen Bedürfnissen, plante die Küche, das Bad, den Garten. Bodenbelag, Möbel, alles nahm zunehmend Gestalt an! Ich beschäftigte mich quantitativ gesehen immer wieder mit dem Haus, jedoch in vielen unterschiedlichen Facetten. Und siehe da, im nächsten Urlaub hörte ich mich selbst denken: „In zwei Jahren bist du stolzer Besitzer deines eigenen Ferienhauses!" Und diese Stimme von hinten rechts tauchte wieder auf und sagte: „Definitiv!"

> Durch eine detaillierte Beschreibung des gewünschten Zielzustands entsteht ein qualitatives Gefühl.

Wir merken uns: Für deine Veränderung zu mehr Selbstwertgefühl brauchst du eine Beschreibung des gewünschten Zielzustands. Und einen qualitativen Gedanken hierzu. Es reicht nicht aus, stumpfsinnig dein Anliegen immer und immer wieder zu wiederholen. Sondern du brauchst so viele Informationen wie möglich für den gewünschten Zustand, damit sich ein qualitatives Gefühl entwickeln kann.

Fehlender Mut

Kommen wir zum dritten Grund dafür, warum dein Selbstwertgefühl bisher noch nicht gestiegen ist: fehlender Mut. Dazu schauen wir uns zunächst an, was Mut eigentlich ist.

Ich habe viele Jahre im Rettungsdienst gearbeitet und dabei wertvolle Erfahrungen für mein Leben sammeln dürfen. Oftmals kommt man in eine vollkommen chaotische Situation und fängt an, seine Routinen abzuarbeiten. Zum Beispiel bei einem Herzstillstand: Ich reanimiere, defibrilliere, beatme, intubiere, lege einen Zugang, gebe Medikamente. Gleichzeitig beruhige ich Angehörige, kümmere mich um weitere Erkrankte oder verletzte Menschen. Von außen betrachtet hält man mich in solchen Situationen oft für besonders mutig. Ich selbst tue das nicht. Und dafür gibt es drei einfache Gründe:

1. Ich besitze ein umfassendes Fachwissen in Bezug auf jegliche Notfallsituationen.
2. Mit der Erfahrung aus über zehn Jahren im Rettungsdienst habe ich ein hohes Maß an Routine.
3. Ich habe während der Dienstzeit eine sogenannte *Garantenstellung:* Helfe ich nicht, kann ich wegen aktiver Körperverletzung mit Todesfolge verklagt werden. Und zwar auch dann, wenn der Patient vielleicht schon tot war, ich ihn aber theoretisch zurück ins Leben hätte holen können.

Übertragen wir das auf dein Leben. Nicht, weil es dir an Mut fehlt, erlebst du in bestimmten Situationen ein unerwünschtes Verhalten. Sondern weil du noch nicht über das notwendige Fachwissen und genügend Routine verfügst, hast du noch keine Selbsterlaubnis, etwas Bestimmtes zu tun. Dann wird dir dein Kopf auch keine „Freigabe" erteilen. Du stehst vor einer Blockade, gehst zurück in deine Komfortzone und flüchtest dich in Vermeidungsverhalten. Und dein Selbstwertgefühl wird weiter sinken. Das wollen wir ändern.

> Selbsterlaubnis resultiert daraus, dass du Fachwissen in etwas hast und geübt darin bist.

Video 26: Was ist eigentlich Mut?
www.Mut.10einfacheSchritte.de

Mut resultiert aus Erfahrung und Routine

Verschaffe dir einen genauen Überblick über die Situationen, in welchen es dir noch an Mut mangelt. Finde heraus, worum es wirklich geht. Versuche, deine Ängste einmal zu Ende zu denken: Wovor hast du wirklich Angst? Wenn du das herausgefunden hast, kannst du anfangen, dir ein genaueres Bild der Problematik zu machen. Hast du diese erkannt, kannst du dir das Fachwissen aneignen, das notwendig ist, um das Problem anzugehen. Und das kannst du dann täglich trainieren, um Routine zu bekommen.

Verfügst du über Fachwissen und Routine, kannst du dir selbst die Erlaubnis geben, bestimmte Dinge zu tun. Dann erlebst du dich in Situationen, in welchen du dich früher nie gesehen hättest – und du wirst dir selbst das Attribut *Mut* zusprechen. Das ist Balsam für dein Selbstwertgefühl! Mit der Zeit bekommst du immer mehr Übung, dann folgt die Selbsterlaubnis stillschweigend und du erlebst deine Handlungen als normal und nicht mehr als mutig.

Ein schönes Beispiel hierzu brachte David mit in die Praxis. Er war Assistent des Vorstands bei einer größeren Versicherung. Zu seinen Aufgaben gehörte es, hin und wieder Vorträge zu halten und Teamtage zu moderieren. Einmal erzählte er mir von seiner Angst, sich bei einer Ansprache vor allen Mitarbeitern total zu verhaspeln. Vor seinem inneren Auge sah er sich auf der Bühne stehen, während das Publikum verächtlich zu ihm hinaufschaut. Er hörte schon die Buhrufe in seinen Ohren.

Bei Redeangst ist es hilfreich, zunächst die konkreten Ängste zu ergründen, also wovor der Klient genau Angst hat und über welche Wahrnehmungskanäle er dies bemerkt. David hatte also Angst, sich zu verhaspeln, ins Stottern zu geraten und den Faden zu verlieren. Ist das sein Ziel? Natürlich nicht. Was wäre denn ein passendes

Ziel? Bitte den gewünschten Zustand, definiert in seiner Anwesenheitsform. Also ohne Negierungen. Doch hier stießen wir auf Davids tatsächliches Problem: Er hatte keinen gewünschten Ziel-Zustand, denn es gab noch keinen Text! Da er nicht wusste, was genau er sagen sollte, befand sich vor seinem inneren Auge quasi eine weiße Fläche. Die ideale Vorlage für unser Gehirn, um genau dort ein Worst-Case-Szenario hinzupflanzen. Da noch kein Text da war, hatte David zu diesem Zeitpunkt auch keine Möglichkeit, seinen Vortrag in- und auswendig zu lernen und seine Aussprache zu üben und zu verfeinern. Fehlendes Fachwissen bedingt fehlende Routine bedingt fehlende Selbsterlaubnis. Und eben auch Angst und vor allem die Idee eines geringen Selbstwertgefühls.

Wie du fehlenden Mut und Ängste nutzen kannst, um konkrete Ansatzpunkte zur Steigerung deines Selbstwertgefühls zu finden, erkläre ich dir in Kapitel 8. Dort beschreibe ich zudem, wie du deine Redeangst angehst.

! DAS WICHTIGSTE KOMPAKT

- Achte darauf, ob deine Ideen auf der Landkarte in deinem Kopf tatsächlich mit dem Gebiet, der Wirklichkeit um dich herum, übereinstimmen. So kannst du unbegründeten Grübelgedanken die Grundlage entziehen.
- Wenn du immer nur an andere denkst, hast du meistens einen vergessen. Übe dich in gesundem Egoismus.
- Erst wenn du deine Ziele kennst, kannst du die Wege dorthin wählen.
- Der qualitative Gedanke ist stärker als der quantitative Gedanke.
- Mut ist keine Zauberei: Er ist die Kombination von Fachwissen, Routine und daraus entstehender Selbsterlaubnis.

4 „WENN ICH MEHR SELBSTWERTGEFÜHL HABE, DANN …"

In diesem Kapitel erfährst du, wie du mehr über deine Wünsche und Ziele in Erfahrung bringen kannst. Dadurch kannst du besser abschätzen, welche Veränderungsziele sinnvoll sind und wo du an Grenzen stoßen wirst. Es gibt einige Stolpersteine, aber ich zeige dir, wie du sie umgehen kannst. Du wirst verstehen, weshalb Wenn-dann-Strukturen eine gewisse Gefahr bergen und wie du dir in der Vergangenheit vor allem selbst im Wege gestanden hast.

Video 27: Was dich in Schritt 4 erwartet
www.Schritt4.10einfacheSchritte.de

Was erwarte ich von einem höheren Selbstwertgefühl?

Hast du dich eigentlich schon einmal gefragt, weshalb genau du dir ein höheres Selbstwertgefühl wünschst? Denkst du vielleicht, dein Leben würde sich verändern, wenn du ein höheres Selbstwertgefühl hast? Oder dass du irgendwie glücklicher wärst? Ich arbeite mit der These, dass du nicht aufgrund deines niedrigen Selbstwertgefühls bestimmte Dinge bei dir beobachten kannst. Sondern weil du bestimmte Dinge bei dir beobachten kannst, hast du den Eindruck, du hättest ein geringes Selbstwertgefühl. So oder so – es fühlt sich schlecht an, also wollen wir daran etwas verändern. Was also kannst du von einem höheren Selbstwertgefühl erwarten?

Schauen wir uns an, was einen Menschen mit einem hohen Selbstwertgefühl von einem mit einem niedrigen Selbstwertgefühl unterscheidet. Hierbei betrachten wir das Erleben in der Psyche selbst und in der Wechselwirkung mit dem Umfeld.

Ein Mensch mit einem niedrigen Selbstwertgefühl wertet sich häufig auf seiner auditiven Denkebene ab. Es hagelt Kritik und er erlebt sich selbst bildhaft in Situationen, die ihn benachteiligen oder schlechter dastehen lassen. Hieraus resultieren Ängste, depressive Denkmuster, Zurückgezogenheit und Introvertiertheit. Die Stimmung wird von Tag zu Tag schlechter, es fühlt sich einfach nicht gut an. Darüber hinaus zeigen aktuelle Studien, dass mit einem geringen Selbstwertgefühl auch körperliche Erkrankungen zum Beispiel des Herzens einhergehen können. Nicht zuletzt leidet die *Resilienz* als „Immunsystem unserer Psyche", wodurch die Abwehrkräfte gegenüber psychischen Störfaktoren deutlich nachlassen, was depressive Denkmuster begünstigt.

Jemand mit einem niedrigen Selbstwertgefühl hat Probleme, sich durchzusetzen und seine eigenen Interessen zu vertreten – vom Umgang mit schwierigen Menschen ganz zu schweigen. Dies kann unter anderem Konsequenzen im Job nach sich ziehen. In der Beziehung zu einem Partner wird er mit Sicherheit nicht die Wünsche kommunizieren, die ihm wichtig sind, aus Angst vor Zurückweisung und Enttäuschung. Auch auf sozialer Ebene, zum Beispiel im Freundeskreis, ist er eher ein Mitläufer und damit eine Randerscheinung; eine gute Position als fünftes Rad am Wagen. Man male sich nur einmal aus, was die anderen über einen denken könnten.

Im Gegensatz hierzu unterstellen wir dir mit einem hohen beziehungsweise gesunden Selbstwertgefühl eine gute Einstellung zu dir selbst: Du denkst gut über dich, du lobst und unterstützt dich oft selbst. Du siehst dich häufig in Situationen, in denen du gut mit den Anforderungen und Aufgaben zurechtkommst. Du vergleichst dich gerne mit anderen Menschen, nicht um nach Defiziten bei dir zu suchen, sondern nach Potenzialen, um dich weiterzuentwickeln. Du gehst offen auf andere Menschen zu und wirkst sympathisch. Der Umgang mit schwierigen Menschen wie einem Choleriker fällt dir leicht. Denn wer sich kennt, kann souveräner reagieren. Du bist erfolgreich im Job und führst eine tolle Partnerschaft. Du hast einen tollen Freundeskreis und genießt den Kontakt zu deinen Freunden. Du machst dir auch Gedanken, was jemand über dich denken könnte, und zwar in dem Sinne, was jemand über dich denken soll – was dich zum Grinsen bringt. Und nebenbei fühlst du dich vital und gesund.

Das eigene Selbstwertgefühl zu steigern ist mehr als nur eine Steigerung von Selbstvertrauen oder Selbstbewusstsein: Du steigerst die Fähigkeit, an dich selbst und deinen eigenen Wert zu glauben, um dich weiterzuentwickeln!

Warum werden meine Erwartungen nicht automatisch erfüllt?

In Kapitel 2 habe ich von Svenja erzählt, die von ihrem Freund und ihrem Vater massiv verbal abgewertet wurde und dies in ihre Denkmuster übernahm. Um die negativen Bewertungsmuster abzuschalten, fing sie an abzunehmen. Da sich trotz schwindenden Gewichts die Abwertungsmuster nicht veränderten, nahm sie immer weiter ab. Bis es irgendwann wirklich gefährlich wurde. Veränderst du deinen Körper oder veränderst du etwas in deinem direkten Umfeld, veränderst du nicht automatisch die Art und Weise, wie du dich selbst bewertest.

> Etwas an dir oder in deinem Umfeld zu verändern, heißt nicht, dass sich automatisch auch deine Art zu denken verändert.

Wenn du also ein höheres Selbstwertgefühl haben möchtest, dich aber in bestimmten Situationen auf die gleiche Weise verhältst wie immer, bleibt alles beim Alten. Du siehst ein entsprechendes Defizit bei dir? Frage dich, warum das noch besteht. Und dann packe das Problem an der Wurzel.

Angst vor der Enttäuschung

Julia ist eine junge Frau, die beziehungstechnisch schon einiges durchgemacht hat. Ihr erster Freund war noch sehr unerfahren. Sie fühlte sich manchmal einsam und nicht geliebt. Bis sie dann irgendwann fast schon gelangweilt einen Schlussstrich zog. Ihr zweiter Freund war ganz anders: Ein Alphatier, wie es im Buche steht. Er nahm sie an die Hand, zeigte ihr die Welt, führte sie regelmäßig in die tollsten Restaurants. Vom Sex ganz zu schweigen. Der Nachteil war, dass er die ganze Zeit ein Doppelleben führte und sich mit mehreren Frauen gleichzeitig traf.

Als Julia das erfuhr, war sie tief verletzt. Sie schwor sich, so schnell keinem Mann mehr zu vertrauen. Ihre Furcht, dass ihr Vertrauen noch einmal missbraucht werden könnte, war zu groß, als dass sie sich noch einmal auf einen neuen Partner einlassen konnte. Da sind wir übrigens wieder beim Thema Mut: Das Wort Vertrauen beinhaltet sich *trauen*. Und Julia fehlte es diesbezüglich definitiv an Mut, die Angst vor der Enttäuschung war einfach zu groß.

Betrachten wir es einmal nüchtern: Wir leben in einer Welt, in der es keine hundertprozentige Sicherheit gibt. Also kann es auch für Julia keinen hundertprozentigen Schutz davor geben, dass ihr Vertrauen noch einmal missbraucht wird. Es ist jedoch ein Unterschied, ob ich verzweifelt über dieses Thema grüble oder ich mir Gedanken darüber mache, was passiert, wenn ich dem Richtigen mein Vertrauen schenke.

Das Erwartungspendel

Betrachten wir das Zusammenspiel zwischen Erwartungen und Enttäuschen einmal als Pendel, damit du in Zukunft einen eleganteren Umgang mit der Angst vor Enttäuschung an den Tag legen kannst.

Die Erwartung befindet sich auf der rechten Seite, die Enttäuschung auf der linken. Habe ich hohe Erwartungen, so ziehe ich das Pendel zur rechten Seite. Gehen wir einmal davon aus, dass eine hohe Erwartungshaltung mit einem günstigen Gefühl einhergeht und eine niedrige Erwartungshaltung mit einem nicht so guten bis schlechten Gefühl. Je höher ich nun meine Erwartungen setze, je weiter ich also mein Pendel auf der rechten Seite nach oben ziehe, desto größer ist die Gefahr: Wenn mein Pendel hoch oben steht und meine Erwartungen nicht erfüllt werden, rauscht mein Pendel abwärts. Es schlägt auf der Gegenseite voll aus, ich bin enttäuscht.

Da gibt es erst einmal nur einen Schutzmechanismus: Die Erwartungen gering halten. Hast du das mal ausprobiert? Du hattest keinerlei Erwartungen – aber am Ende warst du trotzdem enttäuscht. Das funktioniert also nicht. Einfach nur die Erwartungen gering zu halten wird dir nicht helfen.

Ich habe die These, dass die Enttäuschungsseite des Pendels digital ist. Es ist vollkommen egal, wie weit dein Pendel auf die Enttäuschungsseite schwingt, die Enttäuschung ist da und schmerzhaft. Damit spielt es auch keine Rolle, aus welcher Höhe dein Erwartungspendel abrauscht. Indem du deine Erwartungen reduzierst, kannst du also die Enttäuschung nicht abschwächen oder gar verhindern.

Was kannst du nun machen? Bei deinem Erwartungspendel gibt es zwei Beteiligte: dich und jemand anderen. Wenn du jemandem gegenüber eine Erwartungshaltung äußerst, kannst du hierauf ein positives wie auch ein negatives Feedback bekommen. Das negative Feedback kannst du nicht verhindern, und oftmals hast du auch keine zweite Chance, doch noch ein positives Feedback zu erhalten. Dein Gegenüber hat eine gewisse Macht über dein Leben

Du bist der richtige Adressat für Erwartungen

Das positive Feedback wahrscheinlicher zu machen, ist schwierig. Allerdings habe ich einen besseren Ansatz: Es kommt nicht darauf an, wie du deine Erwartungen an jemanden richtest, sondern an wen! Du könntest anfangen, deine Erwartungen umzuformulieren und an dich selbst zu richten. Wenn du deine Erwartungen an dich selbst richtest, kann es natürlich auch passieren, dass du im ersten Anlauf nicht das bekommst, was du erwartest. Aber du hast einen riesengroßen Vorteil: Du kannst es noch einmal probieren! Noch niemand, der sein Bestes gegeben hat, hat es später bereut. Du kennst dein Ziel, und dein erster Plan hat nicht funktioniert. Ja und? Wenn ein Plan nicht funktioniert, veränderst du den Plan, aber nicht dein Ziel! Geh hin und such dir einen alternativen Plan.

Richte deine Erwartungen an dich selbst. Dann hast du die Kontrolle über sie.

Du möchtest gerne mit einem Freund ins Kino gehen, er hat aber leider keine Lust? Kein Problem, denn deine Erwartung ist ja nicht, mit genau diesem einen Freund einen Film zu sehen, sondern den Film an sich zu genießen – frag einen anderen Freund oder geh allein ins Kino! Du möchtest dich gerne beruflich weiterentwickeln, dein Chef macht dir aber einen Strich durch die Rechnung? Richte deine Erwartungshaltung auf dich und mach dich nicht von deinem Chef abhängig. Sorge dafür, dass du dich ohne die Mithilfe deines Chefs weiterentwickeln kannst. Oder suche dir eine neue Stelle, bei der die Weiterentwicklung möglich wird.

Kommen wir zurück zu Julia. Sie hatte große Angst davor, dass ihr Vertrauen noch einmal missbraucht und ihre Liebe nicht erwidert werden könnte. Wir haben gemeinsam das folgende Modell entwickelt: In einer Partnerschaft geht es natürlich darum, zu lieben und geliebt zu werden. Wartet man jedoch darauf, von jemandem geliebt zu werden, der dies offensichtlich nicht tut, dann ist das wie auf ein Schiff zu warten. Am Flughafen. Es geht nicht darum, wie man den Richtigen finden kann, sondern wie man sich schnell von dem lösen kann, der einem nicht guttut, um dann weiterzukommen.

Und vor allem geht es in einer Partnerschaft nicht darum, sich die Liebe seines Gegenübers zu verdienen. Denn Liebe kann man nur geschenkt bekommen. Julia hat sich darauf fokussiert, den Richtigen zu finden, dem sie ihre Liebe schenken möchte. Und darauf, ihre Erwartungen entsprechend anzupassen: Wenn sie liebt, dann möchte sie diese Liebe schenken, um des Schenkens willen. Und zwar so, als wäre sie noch niemals enttäuscht worden. Genauso wie sie tanzt, als würde ihr niemand zuschauen, und arbeitet, als ginge es ihr nicht ums Geld.

Video 28: Das Erwartungspendel – an wen du in Zukunft deine Erwartungen richten darfst
www.Erwartung.10einfacheSchritte.de

Die Wenn-dann-Falle

Wir Menschen neigen dazu, in Wenn-dann-Mustern zu denken. „Wenn ich soundso viel Geld auf dem Konto habe, dann lege ich auch mal die Füße hoch." „Wenn ich den Studienabschluss habe, dann bekomme ich die Anerkennung von meinen Kollegen, die ich mir wünsche." „Wenn ich die Küche renoviert und erweitert habe, dann fange ich an, mich intensiv um die neuen Rezepte zu kümmern." Und vor allen Dingen: „Wenn ich ein größeres Selbstwertgefühl habe, dann ..."

Das Wenn

Nehmen wir Martin. Martin war selbständig, im Sportbereich tätig und verdiente ziemlich gut. Er arbeitete aber viel und hart für sein Geld, darunter litten sein Privatleben und auch seine Gesundheit. Im Grunde wollte er kürzertreten, doch er hinderte sich selbst daran: „Wenn ich weniger arbeite, dann verdiene ich weniger. Und dann bin ich vielleicht irgendwann pleite." Das war ein guter Grund für Martin, seine Arbeitsleistung auf einem maximalen Level zu halten. Er suchte sich Hilfe bei einem Coach, dort empfahl man ihm, mal einen *Gang zurückzuschalten*. Von der *Überholspur auf die rechte Spur rüberzuziehen*. Die Idee ist nicht schlecht, sie konnte Martin jedoch nicht dazu bewegen, sein Verhalten zu ändern. Er verließ den

Coach unzufrieden und brauchte längere Zeit, um einen neuen Versuch zu starten. Dann kam er zu mir.

Warum funktionierte der Tipp bei Martin nicht? Er sollte von der Überholspur auf die rechte Spur wechseln, also seine Aktivitäten etwas zurücknehmen und langsamer machen. Doch Martin hatte einen guten Grund, überhaupt auf der Überholspur zu sein: Er wusste nicht, wie viel Geld er in seiner Zukunft tatsächlich benötigte. Dadurch ging er in den Modus, so viel wie nur irgend möglich zu generieren. Wenn wir diesen Modus verlassen und die damit einhergehenden Folgen nicht abschätzen können, wird unser Gehirn uns blockieren. Und Martin auf der Überholspur lassen.

Für mich ist es ein Perfektionismus-Thema, wenn jemand seine Geschwindigkeit nicht drosseln kann. Ich denke, Perfektionismus bedeutet bei den meisten Menschen nicht, dass sie Dinge zu 100 Prozent erledigen müssen. Das ist in vielen Fällen sogar gut (ich möchte Meister in etwas werden) oder lebenswichtig (chirurgische Eingriffe). Mir begegnet Perfektionismus vor allem in der Form, dass mein Gegenüber Dinge zu 100 Prozent machen möchte, aber nicht weiß, wann die 100 Prozent erreicht sind! So geht er in den „So viel wie nur irgendwie möglich"-Modus, um zumindest in die Richtung von 100 Prozent zu kommen. Das kostet jedoch unheimlich viel Energie. Enttäuschungen sind vorprogrammiert, er brennt irgendwann aus.

> Der Vorschlag, mal einen Gang runterzuschalten, ist gut. Solange du das konkret auf dein Leben und deine Situation übertragen kannst.

Solange Martin nicht weiß, wie schnell er auf der Überholspur unterwegs ist, und vor allem nicht weiß, welche Geschwindigkeit er braucht, um seine Ziele zu erreichen, wird er sein Tempo niemals verringern können. Wir haben uns also Gedanken darüber gemacht, wie viel Geld er tatsächlich braucht, einen Sicherheitspuffer hinzuaddiert, und schon hatten wir seine Soll-Geschwindigkeit ermittelt. Er ist nun in der Lage, in Zeiten von Überschuss etwas langsamer zu fahren, aber zwischendurch auch einmal Vollgas zu geben, wenn die nächste sportliche Hochsaison ansteht und er „freie Bahn zum Gasgeben“ hat.

Um konkret zu bleiben: Martin hatte für sich gesagt, wenn er genug Geld auf dem Konto habe, dann könne er auch einmal die Füße hochlegen. Da er aber keine konkrete Summe benannte, wann das *Wenn* der Fall sein wird, kam es nie zum *Dann*. Es ist also wichtig, bei Wenn-dann-Strukturen auf eine klare Zielsetzung zu achten, wann ich denn überhaupt das *Wenn* erreicht habe.

Das Dann

„Wenn ich den Studienabschluss habe, dann bekomme ich die Anerkennung meiner Kollegen, die ich mir wünsche.“ Das war für Lea das Kernziel, weshalb sie neben ihrem Job ein anstrengendes Studium absolvierte. Sie kontaktierte mich ursprünglich wegen einer Konzentrationsstörung. Keine Frage, die *Wenn*-Komponente war gut definiert. Das Studium dauerte noch drei Semester, sie zeigte gute Leistungen, machte sich dabei aber auch unwahrscheinlich viel Druck. Weshalb es ihr unter anderem auch schwerfiel, sich auf das Lernen zu konzentrieren.

Gemeinsam mit Lea schaute ich mir näher an, was sie mit ihrem Ziel des Studienabschlusses erreichen wollte: mehr Anerkennung durch die Kollegen. Ich deutete an, dass das vielleicht nicht klappen würde. Meine These dazu: Stell dir vor, wie du dich im Spiegel betrachtest. Du wirst vermutlich eine Körperstelle an dir nicht so mögen, wie es dir vielleicht guttun würde. Die Idee ist ja, dass nicht der visuelle Eindruck ein schlechtes Gefühl erzeugt, sondern eine auditive Wertzuschreibung in deinen Denkmustern dafür hauptverantwortlich ist. Wenn ich dir jetzt genau zu dieser Körperstelle ein Kompliment mache, wirst du vielleicht freundlich lächeln. Du wirst es aber nicht annehmen. Denn die Art, wie du dir selbst Wert zuschreibst, entspricht einer bestimmten Drehrichtung. Mein Kompliment stimmt nicht mit deiner eigenen Wertzuschreibung überein und entspricht daher einer gegenläufigen Drehrichtung.

Lea wünscht sich die Anerkennung ihrer Kollegen. Dieser Wunsch entsteht daraus, dass sie das Gefühl hat, keine Anerkennung zu bekommen. Unabhängig davon, ob ihre Kollegen sie vielleicht schon anerkennen. Entweder bekommt Lea das gar nicht mit, oder sie erkennt sich selbst noch nicht an, so wie sie ist. Lea lässt keine Anerkennung von sich selbst zu, daher würde sie auch keine von außen zulassen. Was sollte der Studienabschluss an diesem Denkmuster verändern?

Daher haben wir zusammengefasst, dass die Wenn-dann-Strategie so nicht funktionieren wird. Und es gab eine noch wichtigere Erkenntnis: Lea kann das *Dann* erreichen, ohne das *Wenn* unbedingt zu erfüllen. Denn wenn sie mehr Anerkennung vom Außen bekommen möchte, darf sie erst einmal lernen, sich selbst anzuerkennen und zu akzeptieren. Dadurch öffnet sie sich für die Anerkennung aus dem Außen, weil sie ihre eigene Drehrichtung der vom Außen anpasst. Und dafür braucht sie nicht zwingend den Abschluss.

Dazu ein weiteres Beispiel: Ich habe vor längerer Zeit überlegt, Küche und angrenzenden Essraum umzugestalten. Eine Kücheninsel sollte her, ebenso ein neuer Tisch und neue Stühle. Idealerweise auch eine Dunstabzugshaube, damit die Kochdüfte nicht die ganze Wohnung einnebeln. „Wenn ich die Küche ganz nach meinen Wünschen umgebaut habe, dann fange ich damit an, mich um die neuen Rezepte zu kümmern!" Ich schob die Umbau- und Einkaufsmaßnahmen immer weiter vor mir her, es gab immer irgendeinen Störfaktor: keine Zeit, fehlende Ideen, Einschränkungen in der Bausubstanz. Ich koche leidenschaftlich gern und gut, doch tat ich nichts, um mich darin weiterzuentwickeln. Irgendwann erwachte ich aus meiner Trance und realisierte, dass ich bereits eine gut funktionierende Küche besitze! Was hatte mich daran gehindert, mich um die neuen Rezepte zu kümmern? Ich hatte es an die Wenn-Komponenten geknüpft, mit denen ich aber nicht vorangekommen war. Das war eine rein gedankliche Barriere. Ich habe letzten Endes auf den Umbau der Küche verzichtet und einfach angefangen zu kochen.

Fazit: das Wenn-dann-Problem

Wenn-dann-Muster verführen uns dazu, gewisse Dinge immer weiter vor uns herzuschieben. Wir neigen dazu, Wenn-dann-Muster zu kreieren: Sobald ich das *Wenn* erreicht habe, stelle ich eine neue Wenn-dann-Struktur auf, anstatt mir das *Dann* zu gönnen. Die Gefahr besteht darin, dass ich das *Wenn* nicht eindeutig definiere, was zu erheblichen Problemen führen kann.

Und über das *Dann* sollte ich mir ebenso Gedanken machen: Könnte es sein, dass ich über das *Wenn* das *Dann* gar nicht erreichen kann? Oder noch besser: Kann ich mir das *Dann* nicht jetzt schon nehmen, obwohl ich das *Wenn* noch gar nicht abgeschlossen habe?

Beachten wir dies auch in Bezug auf dein Selbstwertgefühl: „Wenn ich mehr Selbstwertgefühl habe, dann ...“ Ja was dann genau? Kannst du sicherstellen, dass du dann nicht in eine neue Wenn-dann-Struktur fällst? Und kannst du deine *Dann*-Wünsche nicht auch anders erreichen?

Video 29: Wenn-dann-Muster und ihre Wirkung
www.Wenn.10einfacheSchritte.de

Dinge, die du vielleicht gar nicht verändern kannst

Ist dein Verhalten, und damit eine der Grundlagen zur Entstehung deines Selbstwertgefühls, angeboren oder erlernt? Mit dieser Frage beschäftigt sich die Wissenschaft schon länger und es gibt dazu vermutlich so viele Meinungen wie Wissenschaftler, die sich damit befassen. Der Nativismus geht beispielsweise davon aus, dass Voraussetzungen für Wahrnehmung und Verhaltensweisen angeboren sind und daher nur im kleinen Rahmen durch Lernprozesse modifiziert werden können. Das Kontrastmodell hierzu besagt, dass Menschen als „unbeschriebenes Blatt“ auf die Welt kommen und gänzlich durch die Umwelt geprägt werden.

Ich habe mir einige Strukturen, die sich meiner Meinung nach gut auf den Therapieprozess übertragen lassen, zusammengebaut und wende sie in der täglichen Praxisarbeit an. Kurzum: Ich gehe davon aus, dass Verhalten seine Grundlagen in der Genetik hat und gleichzeitig durch Umwelteinflüsse geprägt wird. Die Genetik bildet lediglich die Basis – das Endergebnis wird hingegen durch die persönlichen Erfahrungswerte und Lernstrukturen geprägt. Je nachdem, welcher Prägung mein Gehirn ausgesetzt ist, entwickelt es sich dementsprechend. Man könnte sich diese Idee wie ein Klavier vorstellen: Die genetische Voreinstellung entspricht den Tasten – welche davon der Pianist spielt, bleibt ihm überlassen.

> Du kannst nicht alles beeinflussen, aber du kannst etwas verändern!

Ich gehe also davon aus, dass gewisse Dinge angeboren sind und nicht verändert werden können. Doch das ist für unsere Veränderungsprozesse weniger relevant. Denn es geht nicht darum, dass du wirklich alles zu 100 Prozent beeinflussen kannst. Sondern dass du von dem Gedanken wegkommst, du könntest gar nichts verändern.

Instinkte

Instinkthaftes Verhalten beschreibt angeborene und relativ stabile Verhaltensabfolgen, die in bestimmten Situationen automatisch ablaufen. Das geschieht ohne aktive Denkprozesse, also unbewusst. Aus biologischer Sicht handelt es sich bei Instinkten um Funktionen, die das Überleben des Organismus sichern sollen. Im Gegensatz zu Reflexen geht es bei instinkthaftem Verhalten eher um langfristige Entwicklungsprozesse: um den Wunsch nach einem sicheren Eigenheim, die Sehnsucht nach einem Partner, das Ziel, Nachwuchs zu bekommen. Es ist aktuell schwierig, den Begriff des

> Instinktive Reaktionen laufen unbewusst ab.

Instinkts anderen Strukturen gegenüber klar abzugrenzen, da es noch keine allgemeingültige Definition gibt. Doch für uns wollen wir Folgendes festhalten: Auch in deinem Leben wird es bestimmte Instinkte geben, denen du dich beugen darfst. Das heißt nicht, dass du sie tatenlos akzeptieren musst. Sondern dass dir zunächst einmal bewusst wird, dass es solche Strukturen überhaupt gibt. Und das aus gutem Grund: Hätten unsere Vorfahren nicht bestimmte Instinkte gehabt, wären wir heute nicht hier, da sie wohl nicht überlebt hätten.

Wir sollten bei deinem Wunsch nach Veränderung also im Hinterkopf behalten, dass es durchaus Dinge gibt, die du nicht oder nur unter großem Energieeinsatz verändern kannst, weil du gegen deine Gene handeln würdest. Und da sie aus gutem Grund so angelegt sind, solltest du diese Dinge möglicherweise auch gar nicht verändern!

Reflexe

Reflexe sind ähnlich wie Instinkte unwillkürliche, rasche und gleichartige Reaktionen auf einen bestimmten Reiz. Man kann beim Menschen Reflexe auf der Verhaltensebene von denen des Körpers abgrenzen. Zu Letzteren zählen zum Beispiel bestimmte Muskelreflexe, die der Arzt testet, um einen Rückschluss auf bestimmte Hirnnerven und deren Verbindungsqualität zum Muskel zu prüfen. Oder der Lidschlussreflex: Wenn ein Gegenstand die Wimpern oder die Haut rund um das Auge berührt, schließt du augenblicklich die Augen, um Verletzungen zu vermeiden. Diese Reflexe sind angeboren und nicht erlernbar. Daneben gibt es konditionierte, also erlernte oder erworbene Reflexe. Das bekannteste Beispiel ist das Hundeexperiment des russischen Wissenschaftlers Iwan Pawlow: Immer wenn die Hunde ihr Futter bekamen, läutete ein Glöckchen. Mit der Zeit reagierten die Hunde nicht nur auf das Futter mit vermehrtem Speichelfluss, sondern auch auf das Geräusch des Glöckchens. Nach einiger Zeit brauchte Pawlow nur noch das Glöckchen zu läuten, und die Hunde reagierten mit der Produktion von Verdauungssekreten. Der Reflex wurde quasi statt vom Futter vom Glockenton ausgelöst, also „umtrainiert".

Insgesamt beziehen sich die Reflexe eher auf plötzliche Ereignisse, damit schützen sie uns zum Beispiel in unmittelbaren Gefahrensituationen. Unter anderem veranlasst der Fluchtreflex das Zurückspringen an der Straße, wenn ein Auto vorüberrauscht.

Wenn du etwas an dir verändern möchtest und herausfindest, dass es sich um einen Reflex handeln könnte, dann ergründe, ob der Reflex nicht zufällig besonders wichtig für deine Sicherheit ist. Wenn du im Rahmen eines Sportkurses vom Trainer angebrüllt wirst, muss dein Körper Stresshormone ausschütten. Ein gesunder Körper kann in einer solchen Stresssituation nicht ohne Regung bleiben und es wäre sinnlos, darauf hinzuarbeiten. Es könnte sogar gefährlich werden. Denn würde es dir tatsächlich gelingen, deinen Körper daran zu hindern, in Stresssituationen Stresshormone auszuschütten, würdest du auch in gefährlichen Situationen gelassen bleiben. Dann würde dich weder eine herannahende Straßenbahn noch ein Feuer aus der Ruhe bringen – schlecht für deine körperliche Gesundheit.

> Für dich und deinen Körper ist es von Vorteil, reflexhaft mit einer Ausschüttung von Stresshormonen zu reagieren.

Findest du heraus, dass ein bestimmtes Verhalten reflexhaft ist, jedoch in der Vergangenheit durch bestimmte Einflüsse und Erfahrungen um- oder antrainiert worden ist, hast du die Möglichkeit, an diesem Verhalten etwas zu verändern: Werde dir bewusst darüber, welches Verhalten du in Zukunft zeigen möchtest. Überlege dir, welche Situation dich dabei unterstützen würde.

Nehmen wir als Beispiel die Angst, jemand Fremden anzusprechen. Du hast in der Vergangenheit einmal allen Mut zusammengenommen und bist auf jemanden zugegangen, dein Gegenüber hat dir allerdings einen Korb gegeben. Wenn du in Zukunft wieder offen auf andere Menschen zugehen möchtest, dann mache dir klar, wozu: Bist du auf der Suche nach einem Partner oder hast du einfach nur großen Spaß daran, nette Gespräche zu führen? Besorge dir

Ratgeber, in denen du nachlesen kannst, wie man Smalltalk macht und wie man auf andere Menschen sympathisch wirkt. Umgib dich mit Menschen, die ebenfalls nette Gespräche suchen, dann hast du ein perfektes Umfeld, um dein reflexhaftes Verhalten neu zu konditionieren.

Hypersensibilität

Menschen, die hypersensibel sind, reagieren stärker als der Durchschnitt auf Reize aus der Umwelt. Ihre Wahrnehmung und Verarbeitung dieser Einflüsse ist heftiger. Es gibt zwar einige Zahlen darüber, wie viele Menschen von einer übersteigerten Wahrnehmung betroffen sind und welche Phänomene auftreten. Eine schlüssige Erklärung, weshalb sie so sensibel reagieren, fehlt jedoch. Dieses intensive Empfinden und Erleben kann sich in verschiedenen Dimensionen zeigen:

- detailreiche Wahrnehmung
- erhöhte Schmerzempfindlichkeit
- hohe Begeisterungsfähigkeit sowie übermäßige Enttäuschung
- starke Beeinflussung durch andere Menschen
- langer emotionaler Nachklang von Erlebtem
- ausgeprägter Gerechtigkeitssinn
- übermäßiges Harmoniebedürfnis
- absoluter Perfektionismus

Ein hypersensibel reagierender Mensch sieht sich den Einflüssen seiner Umwelt manchmal schutzlos ausgeliefert. Insgesamt gehen wir davon aus, dass das Leben eines solchen Menschen nicht schlechter, in vielerlei Hinsicht jedoch anstrengender ist. Die verstärkte Reizaufnahme und die tiefere Verarbeitung können Eigenschaften wie Introvertiertheit und Zurückhaltung begünstigen. Auch sensiblere Reaktionen auf Medikamente, Alkohol und Koffein konnten beobachtet werden. Nicht zuletzt reagieren hypersensible Menschen häufiger negativ auf Stress, Leistungsdruck und Zeitknappheit.

Aktuell fehlen konkrete Behandlungsansätze, denn wir wissen immer noch nicht, woher genau eine solche übersteigerte Wahrnehmung kommt. Folglich gibt noch kein wirksam erprobtes Behandlungskonstrukt. Daher schlage ich vor, dass sich Menschen mit einer Hypersensibilität nicht nur auf diesen Ratgeber beziehen, sondern weiterhin mit Hilfe von Strategien und Gesprächspartnern lernen, mit ihrer Fähigkeit umzugehen. Denn in einigen der Symptome liegen Fähigkeiten verborgen, die sie sich definitiv zunutze machen und von denen sie profitieren können! Auch hier gilt mein Credo: Es geht nicht darum, dass jemand mit einer hypersensiblen Wahrnehmung seine Symptomatik zu 100 Prozent loswird. Sondern dass er es schafft, zumindest ein wenig von der Nicht-Veränderung wegzukommen.

Video 30: Was man über Hypersensibilität weiß
www.Hypersensibilität.10einfacheSchritte.de

Dinge, die du vielleicht gar nicht verändern möchtest

Du hast den Wunsch nach einem höheren Selbstwertgefühl, aber du schreckst davor zurück, weil du noch nicht weißt, *wie* du dein Selbstwertgefühl verändern kannst? Kein Problem, denn es geht ja gar nicht um das *Wie*, sondern um das *Was*.

Stell dir vor, du steigst in dein Auto und möchtest vor dem Losfahren das Navigationsgerät programmieren. Was gibst du zuerst ein? Natürlich das Ziel. Du programmierst ja nicht irgendwelche Routen, obwohl du noch gar nicht weißt, wo es überhaupt hingehen soll. Hat das Navi dann das Ziel, erstellt es automatisch die Route für dich. Du brauchst dir über den Zielweg, also die Route, keine Gedanken zu machen – das übernimmt der Computer. Genauso ist es auch bei der Veränderung deines Selbstwertgefühls: Das *Wie* entspricht dem Zielweg. Der wird sich meistens dann ergeben, wenn du das *Was,* also dein Ziel, definiert hast.

Und genau dieses *Was,* also deine Zielformulierung, hat in der Vergangenheit vielleicht noch gefehlt.

Wir arbeiten ja mit folgender These: Nicht weil dein Selbstwertgefühl zu niedrig ist, erlebst du dich in bestimmten Situationen in gewisser Art und Weise. Sondern weil du gewisse Situationen so erlebst wie gewohnt und du mit dieser Beobachtung unzufrieden bist, entsteht in der Gesamtsumme ein niedriges Selbstwertgefühl. Ich möchte dich daran erinnern, dass es für uns darum geht, konkrete Verhaltens- und Denkmuster zu verändern.

Dabei wirst du vielleicht auf Dinge stoßen, die du gar nicht verändern möchtest, mit einem anderen Blick auf deine Gesamtsituation wäre das aber durchaus sinnvoll. Was könnte dahinter stecken?

Unwahrscheinlichkeiten lähmen dich

Erinnerst du dich an das Beispiel in Kapitel 2, in dem es darum geht, Geld zu finden? Es ging darum, ob du dir vorstellen kannst, wie du vor deiner Eingangstür Geld findest. Dein Gehirn geht bei einer solchen zukunftsorientierten Frage automatisch an deine Erlebnisse und Erfahrungen aus der Vergangenheit und baut daraus ein Wahrscheinlichkeitsmodell: Du denkst sofort darüber nach, wie wahrscheinlich es wäre, das Geld zu finden.

Genau das passiert auch, wenn du dir Gedanken über neue Verhaltens- und Denkmuster machst. Du könntest in Zukunft offen und unbeschwert auf fremde Menschen zugehen? Da du das in deiner Vergangenheit vielleicht noch nicht erlebt hast, ist es für deinen Kopf auch nicht vorstellbar. Zumindest im Rahmen der Wahrscheinlichkeitsberechnung. Du sollst selbstsicher zum Chef gehen und nach einer Gehaltserhöhung fragen? Hast du das noch nie gemacht, wird das nur schwer vorstellbar sein.

Wie du weißt, haben deine Denkmuster suggestive Wirkung. Bei der Frage, wie du dich in Zukunft anders verhalten könntest, gibt dir dein Kopf erst einmal die Erfahrungswerte der Vergangenheit. Und in dem Moment, wo du darüber nachdenkst, also diese Inhalte zu dir selber sprichst, suggerierst du dir, dass das in Zukunft auch so sein wird. Das ist problematisch, weil du glaubst, was du denkst.

Aber wer entscheidet denn eigentlich, wie du dich in deiner Zukunft verhalten und wie du denken möchtest? Das bist nur du!

Dein Selbstvertrauen ist zu hoch!

Hier kommen die Vorannahmen und Glaubenssätze ins Spiel, die wir im ersten Kapitel besprochen haben. Nehmen wir den Glaubenssatz „Ich würde schon gerne zum Chef gehen und nach einer Gehaltserhöhung fragen. Aber bisher habe ich das doch auch noch nie geschafft!" Beobachtung der Vergangenheit + suggestive Wirkung auf die Zukunft = Einschränkung für deine positive Veränderung. Und jetzt kommt der Hammer: Ich behaupte, dass dein Selbstvertrauen nicht zu niedrig, sondern zu hoch ist!

Hören wir uns noch einmal an, was du dir gerade vorgelesen hast, und überlegen uns, mit welcher Rolle das einhergeht: „Ich würde ja gerne nach einer Gehaltserhöhung fragen, das habe ich aber früher schon nicht geschafft!" Solche oder ähnliche Sätze finden sich vermutlich viele in deinem Alltag. Was ist in diesem Moment deine Rolle? Du bist ein passiver Zuhörer – du hörst deinen eigenen Gedanken zu und glaubst ihnen. Du vertraust ihnen sogar, und das in hohem Maße! Wir könnten also tatsächlich sagen, dass du an dieser Stelle ein ausgeprägtes Selbstvertrauen hast. Nur, dass dieses an ungünstige Glaubenssätze geknüpft ist.

> Nutze dein Vertrauen in dich selbst – und formuliere deine Gedanken bewusst.

An dieser Vertrauensebene möchte ich gar nichts verändern. Sondern an deiner Rolle. Wenn du passiver Zuhörer bist und deinen Aussagen direkt Folge leistest, dann können wir das für uns nutzen: Geh doch mal von der Rolle des passiven Zuhörers hin zur Rolle des aktiven Sprechers. Wenn du das nächste Mal wieder einen bekannten Gedanken mitbekommst, wecke dich aus deiner Trance auf und sage zu dir selbst: „Stopp! Was denke ich da gerade? Ist das mein Ziel?“ Und du könntest anschließen: „Ja, es ist richtig, dass ich in der Vergangenheit noch nie um eine Gehaltserhöhung gefragt habe. Doch was hat die Vergangenheit mit meiner gewünschten Zukunft zu tun? Ich kenne meinen Wert für das Unternehmen und weiß, dass mein Chef meine Leistungen schätzt. Was soll schon passieren? Im Zweifel sagt er halt Nein, behält mich aber im Hinterkopf für die nächste Gehaltserhöhungsrunde. Und wenn er mir gegenüber pampig auftritt, ist das ein Zeichen dafür, dass auf der Beziehungsebene etwas nicht stimmt. Dann frage ich mich besser, ob ich überhaupt weiterhin für dieses Unternehmen arbeiten möchte.“ Diesen Gedanken darfst du auch das volle Vertrauen schenken.

Video 31: Dein Selbstvertrauen ist bereits hoch
www.Selbstvertrauen.10einfacheSchritte.de

Bist du sicher, dass du gewisse Dinge nicht verändern möchtest?

Gehe noch einmal die einzelnen Aspekte durch, die du im Vorfeld nicht verändern wolltest. Waren vielleicht Dinge mit dabei, von denen du schlichtweg noch nicht wusstest, wie du sie verändern kannst? Unterlagen einige Faktoren vielleicht der Wahrscheinlichkeitsberechnung deines Kopfes und wurden so für dich unerreichbar? Und darüber hinaus: Vermutlich war dein Vertrauen in die eigenen Gedanken sehr hoch, was in der Rolle des passiven Zuhörers zu limitierenden Glaubenssätzen geführt hat. Erprobe für dich, wie es sich anfühlt und was passiert, wenn du die Rolle veränderst. Dass bestimmte Gedanken als erster Gedanke zu einer Sache auftreten, ist in Ordnung. Doch als aktiver Sprecher hast du die Kontrolle über den zweiten und jeden weiteren Gedanken. Was soll schon passieren? Am wahrscheinlichsten wird sich deine Situation positiv verändern – und das ist unser Ziel.

DAS WICHTIGSTE KOMPAKT

- Mache dir bewusst, was genau du von einem höheren Selbstwertgefühl erwartest.
- Wenn du deinen Körper veränderst, veränderst du nicht automatisch die Art und Weise, wie du dich selbst bewertest. Wenn du also ein höheres Selbstwertgefühl haben möchtest, jedoch die Art und Weise nicht veränderst, wie du dich in bestimmten Situationen verhältst, wirst du auch keine Veränderung erleben.
- Wenn dein Plan nicht funktioniert, verändere den Plan – nicht dein Ziel.
- Achte auf Wenn-dann-Verknüpfungen in deinem Leben.
- Reflexe und instinkthaftes Verhalten lassen sich nur schwer verändern – vielleicht kannst du hier durch den Einsatz anderer Stärken punkten?
- Dein Selbstvertrauen ist immer hoch, denn du vertraust am meisten deinen eigenen Gedanken.

5 ZIELE BRINGEN DICH IN BEWEGUNG

Ziele sind das A und O, um ein höheres Selbstwertgefühl zu entwickeln. In diesem Kapitel gebe ich dir einige Werkzeuge an die Hand, mit denen du für die Präsenz deiner Ziele sorgen kannst. Wir rufen uns in Erinnerung, warum Ziele so wichtig sind, und besprechen, wie du deine Ziele definieren kannst – die Wege dahin kommen meist ganz von allein.

Video 32: Was dich in Schritt 5 erwartet
www.Schritt5.10einfacheSchritte.de

Warum Ziele für dich so wichtig sind

Ziele bringen dich in Bewegung und fokussieren dich. Sie geben deinen Wünschen ein konkretes Gesicht. Darum sind sie so wichtig.

Als Ziel zu definieren, wie hoch dein Selbstwertgefühl sein soll, und es exakt zu umschreiben, ist die Voraussetzung dafür, dass dein Selbstwertgefühl steigt.

Erinnere dich an Tobias und seine Traurigkeit: Er hatte am Vorabend nichts getan, was dazu führte, dass er am nächsten Morgen traurig aufwachte. Er hatte jedoch auch kein Ziel definiert, wie genau er am nächsten Morgen aufwachen möchte. Die Definition von Zielen hilft deinem Unterbewusstsein, die richtigen Wege automatisch zu finden, und wird damit deine Motivation steigern.

Ein anderer Klient kam zu mir, weil er seine Sehnsucht nach einer bestimmten Frau überwinden wollte. Sein erster Ansatz war, seine Sehnsucht generell und radikal abzuschalten, was aber dafür gesorgt hätte, dass er gar keine Sehnsucht mehr nach irgendetwas gespürt hätte. Doch Sehnsucht bringt uns in Bewegung, weil wir nach etwas streben, und ohne Bewegung sind wir im Stillstand. Dieser Stillstand ist ungünstig für uns, auch wenn damit nicht gleich der biologische Tod einhergeht. Stillstand im Leben führt zu Trübheit und depressiver Verstimmung.

Ziele bringen dich in Bewegung und fokussieren dich.

Mit dem Klienten habe ich also erarbeitet, dass Sehnsucht oft mit einem emotionalen oder psychischen Kick einhergeht – den er sich vielleicht woanders holen könnte. Er fing an, regelmäßig klettern zu gehen und sich größeren Herausforderungen zu stellen. Die Konzentration auf diese Kicks führte dazu, dass seine Sehnsucht nach der Frau geringer wurde. Er suchte und bekam seine Kicks woanders.

Hinzu kommt, dass du ohne Ziele keinen vernünftigen Zielweg aussuchen kannst, wie wir in Kapitel 3 besprochen haben. Wenn du dir darüber im Klaren bist, welches Ziel genau du erreichen möchtest, dann hast du den Zielweg oftmals schon vor Augen, und damit 90 Prozent der Arbeit geschafft.

Ohne Ziele wirst du kein zielgerichtetes Leben führen können – nach Nathaniel Branden eine der 6 Säulen eines gesunden Selbstwertgefühls. Darüber hinaus wirst du Defizite in deiner persönlichen Integrität feststellen, einer weiteren Säule des Selbstwertgefühls. Die persönliche Integrität betrifft die Frage, inwiefern dein Verhalten mit deinen persönlichen Zielen und Werten übereinstimmt. Wenn du für dich in der Vergangenheit Ziele definiert hast, die unerwünschte Verhaltens- und Denkmuster ausschließen, wirst du deine Energie auf die unerwünschten Verhaltens- und Denkmuster fokussieren. Sobald du deine Ziele als gewünschte Ziele definierst, veränderst du den Fokus und damit auch die Energierichtung. Und nur so kannst du in Zukunft ein hohes Maß an persönlicher Integrität spüren: Du planst für dich, welches Verhalten du in Zukunft bei dir beobachten möchtest, schaffst Wege, um dorthin zu gelangen, und bekommst persönliche Integrität, gute Gefühle und entsprechende Selbstwertgefühle zurückgespiegelt.

Ohne Ziele wirst du auch in deiner Flexibilität eingeschränkt sein. Denn wenn ein Plan einmal nicht funktioniert, kannst du nur einen alternativen Plan finden, wenn du dein Ziel genau kennst. Kennst du es nicht, bist du gezwungen, dir andere Ziele zu suchen.

Keine Selbstverwirklichung – kein gutes Gefühl

Der US-amerikanische Psychologe Abraham Maslow hat eine Idee entwickelt, welche die Wichtigkeit von Zielen im Allgemeinen noch einmal besonders herausstellt. In der Mitte des 20. Jahrhunderts fand er sich in einer psychologischen Landschaft wieder, die durch zwei große Schulen geprägt war: die Psychoanalyse und den Behaviorismus. Beide Schulen gingen von einem pessimistischen, negativen und gestörten Menschenbild aus, die menschliche Psyche galt allgemein als defizitär. Maslow hingegen war der Ansicht, dass der Mensch als grundsätzlich gut anzusehen wäre. Er sei in seiner Ganzheit nicht durch niedere Triebe gesteuert, sondern werde von einem Wachstumspotenzial angetrieben, um ein gewisses Ziel zu erreichen: die Selbstverwirklichung. Hierbei gehe es um den Wunsch, das eigene Potenzial voll auszuschöpfen. In welcher Form sich dieses Potenzial nachher zeige (eine gute Mutter zu sein, beruflicher Erfolg, maximale Freiheit und Unabhängigkeit zu leben), sei in höchstem Maße von jedem Menschen selbst abhängig – und allen Menschen gemein sei, dass sie zur Selbstverwirklichung hinstreben.

Die Bedürfnispyramide nach Maslow

Um diese Selbstverwirklichung zu erreichen, müssen gewisse vorangehende Bedürfnisse befriedigt werden, dabei sind manche Bedürfnisse wichtiger als andere. Die von Maslow entwickelte Bedürfnishierarchie lässt sich gut im Bild einer Pyramide aufzeigen: In der unteren Ebene finden sich physiologische Grundbedürfnisse, also ausreichend Nahrung, die Befriedigung sexueller Bedürfnisse und Liebe, zum Beispiel von der eigenen Mutter, zu erfahren. Sind diese Bedürfnisse befriedigt, entsteht eine neue Ebene, die der Sicherheitsbedürfnisse. Ist diese Sicherheit in ausreichendem Maß vorhanden, stellen sich soziale Bedürfnisse ein, worauf Individualbedürfnisse (Wunsch nach Ansehen, Wertschätzung, Stärke und Erfolg im Allgemeinen) folgen. Erst wenn all diese Bedürfnisebenen erfüllt sind und stabil befriedigt werden, baut sich die Spitze der Pyramide auf: die Möglichkeit zur Selbstverwirklichung.

Video 33: Warum Ziele so wichtig sind: die Bedürfnispyramide nach Maslow

www.Bedürfnis.10einfacheSchritte.de

Um diese Pyramide zu veranschaulichen, stelle dir ein großes Glasgefäß vor, das ungefähr zwei Liter fasst. Nun schütten wir Golfbälle hinein, bis das Gefäß bis oben hin gefüllt ist. Ist das Glas nun voll? Das wirst du vielleicht denken, es ist aber noch nicht voll! Wir nehmen eine Schale Kieselsteine und schütten sie in die Räume zwischen den Golfbällen, bis sie gefüllt sind. Ist das Glas jetzt voll? Noch nicht ganz! Nehmen wir noch eine Schale voller Sand und kippen ihn hinein. Dann wir kippen noch ein Glas Bier und ein Glas guten Wein obendrauf und lassen die Flüssigkeiten versickern. Jetzt ist das Glasgefäß komplett gefüllt.

Nach der Bedürfnispyramide stehen die Golfbälle für deine Grundbedürfnisse, die Kieselsteine für deine Sicherheitsbedürfnisse, der Sand für deine sozialen und Individualbedürfnisse und die Feierabendgetränke für die Selbstverwirklichung. Fängst du mit dem Sand oder den Kieselsteinen an, werden die Golfbälle nicht mehr alle in das Gefäß passen. Damit wären deine Grundbedürfnisse nicht erfüllt, das Voranschreiten zur Selbstverwirklichung ist nicht mehr möglich. Und wenn du mit Wein und Bier beginnst, entsteht lediglich eine große Sauerei.

Wir können diese Metapher noch etwas abwandeln. Die Golfbälle stehen für die wichtigen und großen Dinge in deinem Leben:

Familie, gute Freunde, Job. Die Kieselsteine für Ruhe, Erholung, Sport und Verabredungen mit dem Freundeskreis. Der Sand steht für deine persönliche Weiterentwicklung. Und für ein Bier oder ein Glas Wein mit netten Menschen ist immer noch etwas Platz.

Ziele unterstützen dich dabei, deine grundlegenden Bedürfnisse zu befriedigen. Und ermöglichen somit, dass du dich weiterentwickeln kannst. Sie helfen dir auch dabei, in deinem Leben Prioritäten zu setzen und das Wichtige vom Unwichtigen zu trennen.

Nun kommen wir endlich dazu, wie du Ziele definierst, damit sie wirken.

Wie du Ziele definierst

Bei der Definition von Zielen spielen vier Faktoren eine außerordentlich große Rolle:

- Ziele werden in der gewünschten Form definiert.
- Es sollen deine Ziele sein.
- Du darfst Kontrolle über die Prozesse haben, die dich an dein Ziel bringen.
- Abschließend dürfen deine Ziele SMART formuliert sein.

Mein Ziel in der gewünschten Form

Ich habe schon oft darauf hingewiesen: Dein Gehirn kann mit Verneinungen nicht umgehen und verarbeitet alle Informationen, die es bekommt. Denk jetzt nicht an einen rosa Elefanten! Fang jetzt bloß nicht an zu grinsen! Übrigens auch ganz lustig: Hebe mal die Arme hoch in die Luft und versuche, so depressiv wie möglich zu schauen. Es wird dir wirklich schwerfallen.

Das Bild vor deinem inneren Auge wirkt. Sorge dafür, dass du das gewünschte Ziel vor dir siehst.

Die Bilder, die vor deinem inneren Auge auftauchen, werden wie mit einer Kamera aufgenommen, und das Foto, das du vor dir siehst, wirkt. Nicht das Attribut, welches du daran knüpfst, wie zum Beispiel *nicht* grinsen. Deine Energie folgt immer deiner Aufmerksamkeit. Denkst du daran, was nicht passieren soll, dann denkst du daran, was nicht passieren soll. Und damit wird deine Energie auch dorthin fließen. Versuche also so oft wie möglich auf das zu achten, was du vor deinem inneren Auge siehst: Ist es das, was du zum Ziel hast?

Falls nicht, dann ändere das Bild und führe dir vor Augen, was der gewünschte Zielzustand ist.

Mein Ziel ist mein Ziel

Wir sind viel zu oft bestrebt, anderen Menschen zu gefallen. Wir machen uns Gedanken darüber, was andere von uns denken könnten – doch da wir die Gedanken anderer Menschen nicht kontrollieren können, ist das müßig. Wäre es nicht besser, sich gar keine Gedanken mehr hierüber zu machen?

Das würde nicht funktionieren, denn wenn ich mir vornehme, mir keine Gedanken mehr darüber zu machen, was jemand von mir denken könnte, dann mache ich mir Gedanken darüber, was jemand von mir denken könnte. Und sobald es „könnte“ hört, schaltet unser Gehirn in den dramatischen Modus und die nächsten Worst-Case-Bilder rauschen im Tiefflug heran. Das wollen wir nicht mehr.

Überlege erst einmal, wozu du bestimmte Ziele hast: Möchtest du erreichen, von anderen gemocht zu werden? Dann mache dir bewusst, dass es nicht darum geht, von allen gemocht zu werden. Sondern von den Menschen, die dir wichtig sind. Und die werden dich vor allem dann mögen, wenn du dich selbst magst und authentisch bist. Wenn du deinen eigenen Zielen folgst.

Jemand aus deinem näheren Umfeld, zum Beispiel Familie, Partner oder Freunde, stellt bestimmte Erwartungen an dich. Möchtest du diese wirklich erfüllen? Gut. Wenn nicht, dann denke einmal darüber nach, weshalb du Dinge machst, die du eigentlich gar nicht machen willst. Denn wie in Kapitel 1 beschrieben, geht genau das mit einer Einschränkung deiner persönlichen Integrität einher und belastet dein Selbstwertgefühl.

Gibt es einen oder mehrere Menschen, denen du hinterherrennst? Lass es bleiben. Menschen, denen man hinterherrennt, sind das gewohnt. Das ist wie mit Menschen, die berühmt sind: Sie sind es gewohnt, dass man sie hofiert, verlieren aber auch schnell das Interesse, wenn man sich von der großen Masse nicht abhebt. In den vergangenen Jahren habe ich immer mal wieder mit Menschen gearbeitet, die einen gewissen Grad an Berühmtheit haben: Schauspieler, Sportler, Politiker, Industrielle. Gerade Sportler sind gesteuert von dem Denken, dass hoffentlich keiner merkt, dass sie eigentlich nur kleine Würstchen sind. Das aber nur am Rande.

Bei meinen Klienten mache ich keinen Unterschied: Menschen mit viel Geld behandle ich genauso wie Menschen mit wenig Geld. Denn der Leidensdruck ist nicht abhängig vom Portemonnaie. Und weil ich Berühmtheiten nicht hofiere, ihnen nicht hinterherrenne und sie vor allem nicht vergöttere, kann ich besonders gut mit ihnen zusammenarbeiten. Dabei kann ich eines mit Gewissheit sagen: Menschen mit wirklich viel Geld sind manchmal recht anstrengende Klienten. Ich habe mal den Inhaber einer größeren Parfum- und Drogeriemarktkette betreut. Er bezahlte seine Sitzungen aus einem dicken Bündel 100-Euro-Scheine, das war schon toll. Es hat jedoch auch einen Nachteil, denn Menschen mit viel Geld sind es gewohnt, sich alles kaufen zu können. Doch Veränderung in einem psychologischen Therapieprozess kann man sich nicht kaufen – dafür darf man an sich arbeiten.

Wenn du merkst, dass du einem anderen Menschen hinterherrennst und dich von ihm abhängig machst, hör auf damit. Fange an, dein eigenes Leben zu führen, dir deine eigenen Ziele zu setzen – denn wenn du immer nur anderen hinterherrennst, wirst du nie ankommen. Man könnte es auch etwas drastischer formulieren: Wenn du anderen hinterherrennst, hast du nur Ärsche vor dir.

Ich habe Kontrolle über die Prozesse, die mich zu meinem Ziel bringen

Judith war eine sehr engagierte Mutter. Sie hatte zwei Kinder im besten Pubertätsalter und sorgte sich mit vollem Engagement um deren Wohlergehen. Allerdings blieben ihre eigenen Wünsche dabei auf der Strecke, denn sie zerbrach sich den ganzen Tag die Köpfe anderer Leute. So hatte sie im Prinzip aktuell auch nur ein Ziel: Beide Kinder sollten in der Schule super Noten haben, um später eine tolle Ausbildung machen zu können und es letzten Endes besser als ihre Mutter zu haben.

Eine interessante Zieldefinition. Stellen wir uns die Frage, ob Judith Kontrolle über den Prozess hat, der sie an ihr Ziel bringt. Hat Judith zum Beispiel die Kontrolle über die Benotung der Kinder? Nein, denn sie ist nicht die Lehrerin der Kinder. Damit verfiel sie in ein *ungünstig perfektionistisches* Verhalten: Sie tat so viel wie nur irgendwie möglich, damit die Kinder gute Noten mit nach Hause bringen.

Was ist das Gegenteil von gut? Schlecht? Nein! Das Gegenteil von gut ist *gut gemeint.*

Judith meinte es außerordentlich gut mit ihren Kindern und erreichte damit genau das Gegenteil. Sie fingen an, sich gegen die Mutter zu wehren, die ihnen ständig im Nacken saß. Das ging am einfachsten, indem sie sich nicht mehr vernünftig am Unterricht beteiligten. Judith hatte mit ihrem Verhalten das genaue Gegenteil ihres eigentlichen Ziels erreicht.

Damit Judith Kontrolle über die Prozesse auf ihrem Zielweg hatte, haben wir ihre Zieldefinitionen angepasst. Fortan hatte sie das Ziel, ihre Kinder bestmöglich dabei zu unterstützen, dass diese gute Noten schreiben. Der Fokus lag darauf, dass sie ihr Bestes geben wollte, und nicht mehr auf den Noten der Kinder. Dabei haben wir auch darauf geachtet, wann sie die 100 Prozent Einsatz für ihre Kinder erreicht hat, damit sie nicht mehr im ungünstigen Perfektionismus unterwegs ist. Und das Wichtigste: Ich habe die Kinder mit ins Boot geholt. Denn wenn ich mir nur mit Judith überlegt hätte, was die Kinder über die Mutter denken *könnten,* wäre die ganze Angelegenheit recht ineffektiv geblieben. Wir hätten nicht gewusst, ob Judiths Landkarte mit dem Gebiet der Kinder übereinstimmte. Und die Kinder brachten ganz fabelhafte Ideen ein, auf die wir ohne ihr Zutun nicht gekommen wären.

Du darfst also in Zukunft darauf achten, dass du die Kontrolle über den Prozess innehast, der dich deine Ziele erreichen lässt. Bemerkst du irgendwo einen Mangel an Kontrolle, lohnt es sich vielleicht, dein Ziel umzuformulieren. Helfen kann dir dabei auch das Erwartungspendel aus Kapitel 4: Richte deine Erwartungen nicht an andere, sondern an dich selbst. Definiere deine Ziele so, dass du dich von dir selbst abhängig machst, nicht von anderen.

Ziele dürfen SMART sein

Dein Ziel darf die SMART-Kriterien erfüllen, die da lauten:
- spezifisch
- messbar
- attraktiv/akzeptabel
- realisierbar/realistisch
- terminiert

Dieses Schema aus der Betriebswirtschaft lässt sich exzellent auf unser Ziel eines höheren Selbstwertgefühls übertragen.

Danach dürfen Ziele *spezifisch* formuliert sein. Denk an die Zitrone: Stellst du dir einfach nur eine Zitrone vor, lässt dich das kalt. Stellst du dir jedoch in lebhaften Bildern vor, wie du die Zitrone nimmst, aufschneidest und hineinbeißt, regt dies deinen Speichelfluss an. Damit deine Ziele möglichst viel Wirkung und Anziehungskraft haben, sollten sie so spezifisch wie möglich sein. Hierzu kannst du auch auf die Sinneskanäle zurückgreifen, über die wir Menschen vornehmlich Informationen aufnehmen: visuell, auditiv, kinästhetisch, olfaktorisch und gustatorisch. Schmücke deine Zielbilder also aus. Stelle dir vor deinem inneren Auge möglichst detaillierte Bilder oder Filme vor. Reichere sie mit Geräuschen an, zum Beispiel mit dem Rauschen des Windes oder des Meeres oder jemand sagt etwas. Wie hört es sich an? Befinden sich Gegenstände in den Bildern, die man berühren kann? Wie fühlen sie sich an? Kann man sie bewegen? Gibt es Dinge, die du riechen oder schmecken kannst?

Wenn deine Ziele außerdem *messbar* sind, bekommst du eine klare Information, wann du ein Ziel erreicht hast. Das ist wichtig, denn sonst schießt du möglicherweise über das Ziel hinaus, hast es vielleicht schon erreicht, ohne es bemerkt zu haben. Oder es ist für dich nicht greifbar, dann gelingt es dir nicht, dich zu motivieren, dein Ziel anzusteuern.

Die *Attraktivität* habe ich eingebaut, um mehr Zugkraft zu haben. Es ist sehr wichtig, eine Anziehung zu seinen Zielen zu verspüren, damit wir in Bewegung kommen. Wir sollen keinen Druck verspüren, darauf reagieren wir meist erst einmal mit Gegendruck. Wären deine Ziele mit Druck verbunden, könntest du eine Anti-Motivation spüren. Das hält dich dann mit Sicherheit davon ab, deine Ziele zu erreichen. Statt attraktiv wird hier häufig auch der Begriff akzeptiert verwendet. Ja, deine Ziele sollen von anderen akzeptiert werden, gehe jedoch davon aus, dass du mit deinen Zielen niemandem schaden möchtest. Daher finde ich die Dimension der Attraktivität hilfreicher.

Dann darfst du auch darauf achten, dass deine Ziele *realisierbar* sind. Du willst nicht zum Mond fliegen, das ist klar. Doch möchtest du vielleicht einen anderen Menschen verändern? Vergiss es! Menschen verändern sich aufgrund großer Ziele oder großer Schmerzen. Du kannst einem anderen Menschen große Ziele oder große Schmerzen anbieten, damit er sich verändert. Doch das würde mit Druck einhergehen, und Druck erzeugt erst einmal Gegendruck. Nebenbei entscheidet natürlich jeder für sich selbst, ob und wie er sich verändern möchte. Nicht zuletzt hättest du keine Kontrolle über den Prozess. Mache dir also bewusst, ob dein Ziel realisierbar ist, wenn du es für dich definierst.

Abschließend solltest du deine Ziele noch *terminieren,* also Zeitwerte einbauen: Wann möchte ich mein Ziel erreicht haben? Gibt es bestimmte Zeitpunkte für Zwischenziele? Wie lange möchte ich mir darüber hinaus Zeit geben, wenn es nicht so klappt, wie ich mir das vorstelle? Wenn du deine Ziele terminierst, gibt dir dein Kopf einen Startschuss. Falls du deine Ziele nicht terminierst, dir sagst, dass du sie irgendwann einmal erreicht haben möchtest, so wird dein Kopf dich irgendwann einmal motivieren. Aber bestimmt nicht mehr heute.

Video 34: Wie du gute Ziele definieren kannst
www.Ziele.10einfacheSchritte.de

Wie du gute Ziele findest

Ich möchte dir gerne eine Starthilfe geben, damit du gute Ziele findest. Diese Starthilfe bezieht sich nicht auf die inhaltliche Ebene. Ich kenne dich und dein Leben nicht, ich weiß nicht, um welches Thema es bei dir geht, und würde daher mit allgemeinen Ratschlägen den Kern deiner Problematik nicht treffen. Ich möchte dir Starthilfe auf der strukturellen Ebene geben, also das *Wie* erklären. Unterhalten wir uns über eine gute Tasse Tee.

Der Kamillentee

Stell dir Folgendes vor: Du sitzt zu Hause und hast Lust auf eine schöne Tasse Tee. Was exakt geht dir in dem Moment durch den Kopf? Was genau kannst du in dem Moment vor deinem inneren Auge sehen? Sehr wahrscheinlich siehst du eine Tasse Tee, die dampfend vor dir auf dem Tisch steht. Oder du siehst dich, wie du diese Tasse in der Hand hältst und daraus trinkst. Habe ich recht?

Ich glaube, Folgendes siehst du *nicht:* Wie du den Wasserkocher mit Wasser füllst, das Wasser zum Kochen bringst, eine Tasse aus dem Küchenschrank nimmst, dich dann auf die Suche nach dem Teebeutel begibst, das heiße Wasser in die Tasse eingießt und den

Teebeutel hineinfallen lässt. Du siehst nicht den Prozess, sondern das Ergebnis: die fertige Tasse Tee, die vor deiner Nase steht.

Das speichern wir sofort ab: Um gute Ziele zu finden, fokussieren wir uns nicht auf den Prozess, sondern auf das Ergebnis. Achte darauf, dass du dich bei der Definition deiner Ziele immer wieder auf das Ergebnis fokussierst. Wenn du dich dabei ertappst, wie du doch wieder über den Prozess nachdenkst: nicht schlimm. Vielleicht gibt es dafür gerade einen guten Grund. Vielleicht ist es sinnvoll, das große Ziel in mehrere kleine Ziele zu zerteilen, um Etappenziele zu bilden. Auf jeden Fall ist sinnvoll, bei deinen Prozessen bewusst Meilensteine einzubauen!

> Um gute Ziele zu finden, fokussieren wir uns auf das Ergebnis, nicht auf den Prozess.

Wenn du Lust auf eine schöne Tasse Tee hast, siehst du das Ergebnis. Du brauchst dir gar keine Gedanken darüber zu machen, wie du zu diesem Ergebnis kommst. Eine Tasse Tee machst du doch im Blindflug! Dasselbe wird dir mit deinen anderen Zielen passieren: Wenn du dich auf das Ergebnis fokussierst, brauchst du dir oft keine großen Gedanken mehr über den Zielweg machen. Ein gutes Ziel definiert sich nicht durch den Weg dorthin, sondern über das Ergebnis. Das Ziel ist der Weg!

Video 35: Das Ziel ist der Weg!
www.Zielweg.10einfacheSchritte.de

Sich schöpferisch kreieren

Wenn Klienten mit dem Anliegen zu mir kommen, ich möge ihnen doch helfen, sich wiederzufinden, antworte ich: „Gerne, wo und wann haben Sie sich denn verloren? Suchen wir doch erst mal dort!“

Wir Menschen glauben, dass wir uns finden können. Das würde bedeuten, dass wir uns irgendwo oder irgendwann einmal verloren haben – und an einen alten Zustand anknüpfen wollen, der in der Vergangenheit liegt und damit nicht mehr erreichbar ist. Ich glaube aber: Im Leben geht es nicht darum, sich zu finden, sondern sich schöpferisch zu kreieren.

Vor einiger Zeit habe ich ein Interview mit Reinhold Messner und einem Schauspieler gelesen. Beide hatten dieselben Fragen gestellt bekommen, und ihre Antworten waren nebeneinander abgedruckt. Die erste Frage lautete sinngemäß: „Wenn Sie zu einem Zeitpunkt Ihrer Vergangenheit zurückreisen könnten, welcher wäre das und warum?" Der Schauspieler antwortete etwas in die Richtung, dass seine Tochter mal bei einer Theateraufführung auf der Bühne stand und er ihr mit feuchten Augen zusah. Dorthin würde er gerne noch einmal reisen und diesen wunderschönen Moment genießen.

Reinhold Messner antwortete: „Hypothetische Annahmen interessieren mich nicht!"

Auf so direktem wie charmantem Weg weist er uns darauf hin, dass wir von Unrealisierbarem die Finger lassen dürfen. Es ist sinnlos, sich Gedanken darüber zu machen, zu welchem Zeitpunkt in der Vergangenheit man gerne reisen würde. Es ist sinnlos, so werden zu wollen, wie man einmal war, weil das sowieso nicht erreichbar ist. Denn du kannst dich nicht *nicht* verändern. Du darfst dir aber durchaus Gedanken darüber machen, welche Verhaltens- und Denkmuster du zu einem bestimmten Zeitpunkt bei dir selbst beobachten konntest, und daraus eine neue Zieldefinition für die Zukunft kreieren. Dieses „sich selbst verlieren" wäre meines Erachtens der Zeitpunkt, an welchem dein Handeln und Denken den Anschluss an deine persönlichen Werte und Normen verloren hat – du beginnst „dich zu verlieren", wenn dir deine persönliche Integrität abhandenkommt. Beginne also, an deiner persönlichen Integrität zu arbeiten, und du wirst das Gefühl haben, dass *du dich wiedergefunden hast*. Und die persönliche Integrität ist dann hoch, wenn du dir kleine und große Ziele setzt und diese erreichst.

Video 36: Im Leben geht es darum, sich schöpferisch zu kreieren – und nicht sich selbst zu finden
www.Kreieren.10einfacheSchritte.de

Kreativität und Phantasie

Fragst du dich jetzt, wie du zu neuen Zielen kommen kannst? Mangelt es dir im Moment an Kreativität oder Phantasie? Lass uns diese beiden Begriffe kurz voneinander abgrenzen: Kreativität umschreibt den Prozess, etwas Neues zu schaffen. Phantasie hingegen bezieht sich mehr auf die Inhalte.

Wenn Dinge für dich ungewohnt sind, fallen sie dir schwer. Nicht weil du sie nicht kannst, sondern weil du nicht darin geübt bist. Versuche also, bei möglichst vielen Gelegenheiten etwas Ungewohntes zu machen: Zieh deine Armbanduhr mal an das andere Handgelenk. Trage einmal keine Kette. Putze dir mal mit der ungewohnten Hand die Zähne. Wenn du häufiger das Ungewohnte machst, wird das Ungewohnte zur Gewohnheit.

Übe dich darin, kreativ zu sein, also neue Strukturen und Verbindungen in Form von Zielen zu erschaffen. Damit trainierst du auch deine Phantasie. Denn Phantasie bedeutet hier nichts anderes, als dass du verschiedene Dinge miteinander verknüpfst, die du vorher noch nicht miteinander verbunden hast. Dabei entstehen mit Sicherheit auch viele Ideen, die du nicht verwenden kannst. Macht nichts, auch das hilft dir dabei, deine Ziele zu verfeinern.

Um jetzt erste Ideen zu bekommen, wohin du dich in Zukunft entwickeln möchtest, kannst du zunächst noch einmal den Blick in die Vergangenheit richten:

- Was hat dich in deinem Leben bisher begeistert?
- Welche Wünsche und Träume hattest du als Kind?
- Was machen andere Menschen, was du auch gerne tun würdest?

- Gibt es vielleicht Ziele, von denen du (als passiver Zuhörer) sagen würdest, dass das sowieso nicht klappt? Dann geh einmal in den Modus des aktiven Sprechers und denk noch einmal darüber nach, ob das wirklich nicht geht!

Du hast jetzt schon ein paar Ideen bekommen, bist dir aber unsicher? In Kapitel 1 haben wir unter anderem darüber gesprochen, wie Gefühle entstehen. Dein Gehirn bekommt Informationen, vor allem auf visueller und/oder auditiver Ebene. Diese Informationen werden blitzschnell verarbeitet und bewertet, und es entsteht ein Gefühl.

Wenn du über gewisse Projekte nachdenkst, bei dir aber kein Gefühl der Begeisterung entdecken kannst, liegt es vielleicht daran, dass dein Gehirn noch nicht genügend „Futter" hat, um Begeisterung auszulösen. Vielleicht überlegst du, welche Ausbildung du machen möchtest oder was du gerne studieren willst. Wenn du dir die Berufsbilder oder Inhalte des Studiums lediglich grob anschaust, wird dir dein Kopf kein klares Gefühl anbieten. Du könntest dich aber mit jemandem unterhalten, der diesen Beruf ausübt, der für dich in Frage kommt, oder das Fach studiert, das dich interessiert. Oder du könntest ein Praktikum machen, vor allem wenn du schon eine gewisse Richtung hast und dich versichern möchtest. Vielleicht kannst du auch mal für ein paar Tage in eine gewünschte Richtung schnuppern. Sammle so viele Informationen wie nur möglich! Dann wird dein Gehirn dir Feedback geben.

Das Ziel ist der Weg

Wir tun uns oft schwer mit Entscheidungen, weil wir Angst haben, eine falsche Entscheidung zu treffen. Dazu gibt es eine interessante Erkenntnis: Wir Menschen bereuen in unserem Leben keine falschen Entscheidungen. Sondern wir bereuen es, wenn wir eine Chance nicht genutzt haben. Diese Erkenntnis hat der amerikanische Autor John Izzo in seinem Buch *Die fünf Geheimnisse, die Sie entdecken sollten, bevor Sie sterben* umschrieben. Für seine Studie hat er Interviews mit über vierhundert Menschen im fortgeschrittenen Alter geführt.

Wie falsch müsste eine Entscheidung sein, dass wir sie unser Leben lang bereuen? Und wir handeln doch immer aus unserer besten Alternative heraus. Habe ich einmal etwas gemacht, worauf ich nicht stolz bin – es war zum damaligen Zeitpunkt meine beste Option.

Andersherum können wir uns auch überlegen, was eine richtige Entscheidung ausmachen würde. Sie müsste sich auch in Zukunft jederzeit als richtig erweisen – das kann nicht funktionieren. Gehen wir also weg von der Idee, wir könnten Entscheidungen über richtig und falsch differenzieren.

Doch wir brauchen einen Maßstab, um gute Entscheidungen zu treffen. Ich schlage die Dimension der Vernunft vor. In dem Moment, wo du einen klaren Blick auf dein Ziel hast, kannst du dir alle möglichen Zielwege anschauen, die dich deinem Ziel näher bringen. Dann wirst du schnell entscheiden können, welcher der Zielwege dich am schnellsten oder elegantesten zu deinem Ziel bringt. Dieser wäre zu diesem Zeitpunkt der vernünftigste. Ich treffe jemanden an der Eisdiele, der gerne ein paar Kilo abnehmen möchte. Und er ist im Begriff, ein großes Eis mit Sahne zu essen – wäre das ein vernünftiger oder unvernünftiger Schritt, um seinem Ziel näher zu kommen?

Je besser du deine Ziele kennst, desto detaillierter kannst du auch deine aktuelle Position definieren: Wie nahe bin ich bereits an meinem Ziel dran? Wie viel habe ich noch vor mir? Du hast mit deiner Zieldefinition die 100 Prozent festgelegt. Manchmal reichen 80 Prozent schon aus, und du kannst dich entspannen.

Du siehst: Je deutlicher dir deine Ziele präsent sind, desto einfacher wirst du sie erreichen. Kennst du das Ziel, kennst du in vielen Fällen auch schon den Weg dorthin.

DAS WICHTIGSTE KOMPAKT

- Ziele bringen dich in Bewegung – und das bringt dich voran.
- Selbstwirksamkeit bringt dir ein gutes Gefühl.
- Definiere deine Ziele als gewünschte Ziele.
- Achte darauf, dass es deine eigenen Ziele sind.
- Sorge dafür, dass du Kontrolle über die Prozesse auf deinem Zielweg hast.
- Definiere deine Ziele nach dem SMART-Muster.
- Das Ziel ist der Weg.
- Im Leben geht es nicht darum, sich zu finden, sondern sich schöpferisch zu kreieren.

6 WIE DU MEHR SELBSTWERTGEFÜHL BEKOMMST

In diesem Kapitel gehen wir einen nächsten konkreten Schritt in deinen Alltag. Ich zeige dir, wie du mit einfachen Möglichkeiten deine Ziele stets vor Augen hast, um dich von ihnen leiten zu lassen. Wir befassen uns damit, dass du mehrere Möglichkeiten hast, dein Selbstwertgefühl positiv zu verändern: Neben den Gedanken spielt auch dein Verhalten eine Rolle. Und wir werden über Widerstände sprechen, die zu erwarten sind – die aber gar nicht mehr schlimm sein werden.

Video 37: Was dich in Schritt 6 erwartet
www.Schritt6.10einfacheSchritte.de

Drei Tipps für deinen Weg zu mehr Selbstwertgefühl

Die richtig guten Dinge sind oft einfach; doch nur wenige einfache Dinge sind auch wirklich gut. Wenn wir Menschen Informationen verarbeiten, orientieren wir uns immer wieder an Bildern vor dem inneren Auge und dem auditiven Denken. Dabei sind wir jedoch durchaus komplex. Deshalb gebe ich dir bewusst unkomplizierte Tipps, wie du dein Selbstwertgefühl verbessern kannst. Diese Tipps kannst du an den wichtigen Stellen in deinem Leben einbauen, um der Komplexität deines Daseins gerecht zu werden. Ich stelle dir drei Möglichkeiten vor, die du ab sofort und konkret in deinen Alltag einbauen darfst.

- Visualisiere deine Ziele.
- Baue deine Ziele in den Alltag ein.
- Sprich mit anderen über deine Ziele.

Visualisiere deine Ziele

Da wir Menschen hauptsächlich über den visuellen Wahrnehmungskanal Informationen verarbeiten, profitieren die meisten Menschen davon, wenn sie ihre Ziele als Bild vor sich sehen. Wir haben bisher darüber gesprochen, dass du Bilder und Filme vor deinem inneren Auge entstehen lassen darfst. Um diese Bilder stärker und stabiler zu machen, kannst du anfangen, diese Bilder auch im *Außen* entstehen zu lassen. Male Bilder von deinem Ziel, baue dein Ziel aus Legosteinen. Hänge dir einen Ast ins Zimmer und hefte deine Notizen daran oder klebe eine ganze Wand mit Notizzetteln zu.

Versuche, so viele Dinge wie nur möglich in deiner Umgebung zu haben, die dich immer wieder an deine Ziele erinnern. In Bezug auf dein Selbstwertgefühl könnte das zum Beispiel so aussehen:

- Klebe dir einen Smiley an deinen Spiegel. Er erinnert dich daran, anderen Menschen mit einem Lächeln zu begegnen.
- Hänge Bilder von Situationen auf, die du mit einem ausgeprägten Selbstwertgefühl erlebt hast.
- Notiere dir die wichtigsten Schlagwörter, in welchen Denkstrukturen und Verhaltensweisen du in Zukunft leben möchtest, und hänge die Notizzettel in der gesamten Wohnung auf:
  - „Ich möchte stark sein."
  - „Ich möchte den Chef um eine Gehaltserhöhung bitten."
  - „Ich entschuldige mich nicht mehr für etwas, wofür ich mich gar nicht schuldig fühle."

  - „Ich akzeptiere mich."
  - „Ich bin ein ganz schön hübsches Kerlchen!"
- Nimm ein Foto von dir und gib es jemanden, der dich als Karikatur in Form deines Lieblingshelden zeichnet.

Video 38: So kannst du dich an deine Ziele erinnern
www.Erinnern.10einfacheSchritte.de

Die Kraft des Unterbewussten

Wenn du anfängst, deine Umwelt in Bezug auf deine gewünschten Ziele zu strukturieren, wirst du alle paar Minuten an deine Mission erinnert. Das wird dir und deiner Motivation guttun! Und es wird sich vermutlich auch intensiv auf dein Unterbewusstsein auswirken.

> Die Bandbreite unseres Bewusstseins ist geradezu mikroskopisch, verglichen mit der Bandbreite des Unterbewussten!

Vera F. Birkenbihl, eine sehr interessante Autorin und Trainerin im Bereich der Kommunikation, hat einmal folgende Rechnung aufgestellt: Nach Erkenntnissen aus der Hirnforschung kann man messen, wie viele Reize unsere Sinnesorgane jeweils bewusst wahrnehmen können und wie groß das Potenzial der jeweils gesamten bewussten und unbewussten Wahrnehmungsmöglichkeiten ist, der *Bandbreite*. Pro Sekunde können unsere Augen beispielsweise 40 Informationen verarbeiten, während eine Bandbreite von 10 Millionen Informationen möglich wäre! Ähnlich ist auch das Verhältnis in den anderen Wahrnehmungskanälen. Die Bandbreite unseres Bewusstseins ist verglichen mit den Möglichkeiten des Unterbewussten geradezu mikroskopisch! Man könnte es auch so umschreiben, dass das Bewusste 15 Millimeter lang ist und das Unterbewusste eine Größe von 11 Kilometern erreicht.

Das Unterbewusstsein ist dein großer Freund. Wie kannst du das für dich nutzen? Träumen wir mal etwas.

Baue deine Ziele in den Alltag ein

Hast du schon einmal in einem Traum realisiert, dass du träumst? Das nennt man einen *Klartraum* oder *luzides Träumen*. Fast jeder Mensch hat das schon einmal erlebt – man kann es sogar trainieren! Das geht ungefähr so: Du stehst an einer Ampel und springst kurz in die Luft. Dabei fragst du dich selbst: „Träume ich?" Die Antwort wird Nein lauten, denn du kommst sofort wieder hart auf dem Boden auf. Würdest du träumen, würdest du langsam zu Boden gleiten. Oder du führst dir die Hand vor den Mund und pustest dagegen. „Träume ich?" Du wirst den Widerstand spüren, wenn du wach bist. Würdest du träumen, könntest du mit Leichtigkeit durch deine Hand hindurchpusten.

Je häufiger über den Tag verteilt du auf unterschiedliche Art und Weise deine Realität infrage stellst, desto intensiver bauen sich diese Routinen in dein Unterbewusstsein ein. Wenn du schläfst, ist dein Unterbewusstsein aktiv, und irgendwann wird eine solche Realitätsabfrage im Traum aufkommen. Dann wirst du schlagartig realisieren, dass du träumst. In diesem bewussten Erleben kannst du dann den Traum steuern, wie auch immer es dir gerade passt. Einige Menschen trainieren diese Technik, um in der Nacht beispielsweise Lernprozesse für die Uni oder den Job zu durchlaufen.

In meiner Praxis nutze ich diese Technik, um Klienten zu helfen, die ein Problem mit ihren Träumen haben oder die nachts mit den Zähnen mahlen und die Zähne aufeinanderpressen. Wenn ich tagsüber verbissen bin, wird mein Schlaf auch von „Verbissenheit" geprägt sein. Bei manchen Klienten ließ sich nichts Konkretes in ihrem Tagesablauf finden, was zum Aufeinanderpressen der Zähne in der Nacht geführt haben könnte. Deshalb haben wir neue Inhalte in den Alltag eingebaut, sodass nachts andere Reaktionen auftraten.

Wir können hierin folgende Struktur erkennen: Denkinhalte, die ich tagsüber in meinem Bewusstsein erlebe, bauen sich in mein Unterbewusstsein ein. Das kann ich zum Beispiel in meinen Träumen wiedererkennen. Mein Unterbewusstsein ist mit seiner immensen Größe mein großer Freund, der mich auch beim Erreichen meiner

Ziele lenkt und unterstützt. Es ist also sinnvoll, mein Unterbewusstsein mit meinen Zielstrukturen zu „füttern", indem ich mich tagsüber immer wieder mit meinen gewünschten Zielinhalten beschäftige. Das kann zum Beispiel wie oben beschrieben in Form von visuellen Erinnerungen sein. Oder auch, indem ich mich mit anderen Menschen über meine Ziele unterhalte.

Video 39: Wie du das luzide Träumen für deine Zielerreichung nutzen kannst
www.Zielerreichung.10einfacheSchritte.de

Sprich mit anderen über deine Ziele

Ich behaupte, dass es deinem Selbstwertgefühl sehr guttun wird, wenn du dich einerseits mit deinem konkreten Ziel eines höheren Selbstwertgefühls wie auch deinen Zielen im Allgemeinen so oft wie möglich beschäftigst. Und wenn du dich dabei in möglichst vielen Wahrnehmungskanälen bewegst und diese Denkmuster häufig in deinen Alltag einbaust. Bisher bist du hierbei noch allein mit deinen Gedanken unterwegs – vergrößern wir den Radius: Fange an, mit anderen Menschen über dein Ziel eines höheren Selbstwertgefühls zu sprechen. Du musst nicht unbedingt diesen Begriff verwenden, sondern sprich über die Ziele, welche du erreichen möchtest, um ein steigendes Selbstwertgefühl zu bekommen. Dies hat drei Vorteile:

1. Wenn du dich mit anderen Menschen über deine Ziele unterhältst, erinnerst du dich automatisch immer wieder an deine Projekte. Diese Impulse sind sehr wichtig und stabilisieren deine Gedanken in Bezug auf deine Ziele. Im Gespräch regst du zudem Bilder auf deiner inneren Verarbeitungsebene an.
2. Es wird Menschen geben, die deine Ziele infrage stellen. Das machen sie nicht, weil deine Ziele vielleicht schlecht sind. Sondern weil diese Menschen generell alles infrage stellen. Nutze das, um dich selbst zu versichern. Was sind die guten Gründe dafür,

deine Ziele zu verfolgen? Wozu möchtest du das höhere Selbstwertgefühl in Zukunft nutzen? Manchmal wird dir vielleicht wirklich vor Augen geführt, dass gewisse Aspekte nicht oder nur schwer realisierbar sein werden. Das sind Rückmeldungen von *qualifizierten Kommentatoren*. Nutze diese, um nochmals darüber nachzudenken. Doch findest du heraus, dass du einem *unqualifizierten Kommentator* gegenüberstehst, geh weiter.

3. Umgib dich mit Menschen, die das, was du noch erreichen möchtest, bereits erreicht haben. Du möchtest ein höheres Selbstwertgefühl? Umgib dich mit Menschen, die deiner Meinung nach ein hohes Selbstwertgefühl haben. Du hast bereits konkrete Ideen, welche Verhaltens- und Denkweisen dich zu einem höheren Selbstwertgefühl führen werden? Versammle Menschen um dich herum, die solche Eigenschaften besitzen.

Anregung von Fachfremden bekommen

Manchmal kommen erstaunlich gute Ideen von Menschen, die gar nichts mit deinen Zielen zu tun haben. Da habe ich einmal ein wirklich schönes Beispiel erlebt: Ich arbeite schon seit Längerem mit Andreas zusammen. Er ist Versicherungskaufmann bei einer größeren Versicherung und hatte kurz vor dem Jahreswechsel einen Teil seiner Ziele noch nicht erreicht. Und ohne Zielerreichung keine Provision. Genauer gesagt ging es um Unfallversicherungen, von denen er nicht genügend an den Mann gebracht hatte. „Ich bin halt ehrlich zu den Leuten und biete ihnen lieber eine Berufsunfähigkeitsversicherung an, da diese oft viel sinnvoller ist. Zudem schließt sie unfallbedingte Arbeitskraftausfälle mit ein."

Ich selbst habe unter anderem Betriebswirtschaftslehre mit den Schwerpunkten Arbeits- und Organisationspsychologie sowie Banking and Finance studiert. Und ich habe einmal für eine Bank gearbeitet. Aus dem Versicherungsgeschäft bin ich schon lange raus, doch wusste ich noch, dass eine Unfallversicherung eigentlich nicht so teuer ist. „Können Sie nicht einfach beide Versicherungen anbieten?", fragte ich Andreas. „Nein, ich glaube nicht, dass ein Kunde beide Versicherungen abschließen würde. Die Unfallversicherung kostet in unserem Haus über 50 Euro pro Monat." Das war wesentlich mehr, als ich in Erinnerung hatte. Ich fragte ihn, wie das komme: „Eigentlich vertreiben wir eine Art Sparplan mit angeknüpfter Unfallversicherung. Hat man einen Unfall, so bekommt man die vereinbarte Summe ausgezahlt. Hat man keinen, bekommt man nach Ende der Laufzeit seine kompletten Spareinlagen plus Zinseszins zurück." Ich überlegte kurz und fasste zusammen: „Sie können Ihrem Kunden also zwei Produkte verkaufen: einen Schutz vor Arbeitsunfähigkeit und zusätzlich einen Sparplan mit aktuell überdurchschnittlich guten Zinsen. Woran auch noch ein zusätzlicher Unfallschutz geknüpft ist." Er antwortete: „Hm. So habe ich das noch nicht betrachtet!"

Fortan bot Andreas jedem Kunden beide Produkte an. Und verkaufte sie. Er stand sich vorher lediglich selbst im Weg, weil er seinen limitierenden Gedanken zu schnell Glauben geschenkt hatte. Als er sich mit mir als „Fachfremdem" über seine Thematik unterhielt, konnte er neue Perspektiven entdecken.

Andere Strategien kennenlernen

Es gibt noch einen weiteren sehr guten Grund, warum du dich mit anderen über deine Ziele unterhalten solltest:

Du bekommst vorgelebt, wie andere Menschen mit bestimmten Problemen umgehen. Ich habe mal eine Zeit lang Tennis gespielt. Ich war sehr lernbegierig, doch der Aufschlag wollte mir nicht so recht gelingen. Es gab einen Trainer auf dem Nachbarfeld, der einen wirklich tollen Aufschlag zu präsentieren wusste. Ich ging zu ihm hin und fragte ihn: „Wie machst du das genau?" Er konnte es mir nicht sagen. Nach längerem Überlegen sind wir aber zu einer Antwort gekommen: Er hatte zwei Bälle. Einen in der Hand und ein anderer hing über ihm in der Luft – den stellte er sich dort nur vor. Den Ball aus der Hand warf er in die Luft, und wenn sich beide Bälle deckten, schlug er halt drauf. Und traf das gegnerische Feld an der besten Stelle. Eine Strategie, die man sich schnell aneignen kann.

Wir neigen dazu, in unseren eigenen Strategien zu leben und diese jeweils für die beste zu halten. Wenn wir uns den Strategien anderer

Menschen öffnen, kann es passieren, dass uns eine bessere begegnet. Dann werden wir die bessere Strategie sofort in unser System integrieren. So habe ich als bekennender „Eierklopfer" einmal versucht, ein Ei zu köpfen. Es war Eierschale drin und knirschte zwischen den Zähnen. Bäh. Ein anderes Mal habe ich jemanden kopiert, indem ich sein Lauftraining ausprobierte und vermehrt Intervallsequenzen, also Sprints, in meine Läufe einbaute. Es hat mich tempomäßig sehr gut vorangebracht und ich habe diese Trainingsmöglichkeit in mein eigenes Training integriert.

Ich habe früh verschiedene Instrumente erlernt, hauptsächlich habe ich Klavier und Keyboard gespielt. Bereits mit zehn Jahren habe ich angefangen, auf verschiedenen Veranstaltungen als Keyboarder für Unterhaltung zu sorgen. Damit begann mein nebenberufliches Dasein als Teilzeit-Berufsmusiker und ich habe auf der Bühne immer Spaß. Doch als ich im Alter von fünfzehn Jahren gefragt wurde, ob ich als Lehrer an einer privaten Musikschule unterrichten wolle, entwickelte ich zunächst einige Ängste. Was, wenn man mich als so jungen Lehrer nicht ernst nimmt? Wenn ich mit den Kindern nicht klarkomme? Und wie genau sollte ich überhaupt unterrichten?

Anstatt direkt zu- oder abzusagen, fragte ich, ob ich mal eine Woche bei verschiedenen Lehrern zuschauen dürfe. In dieser Woche wurden mir nicht alle meine Ängste genommen – doch bekam ich an zahlreichen Punkten konkret vorgelebt, dass ich das, was von mir gefordert wurde, entweder bereits konnte oder schnell lernen würde. Und so sagte ich gerne zu, hatte an meinem sechzehnten Geburtstag meine erste bezahlte Unterrichtsstunde und habe in den kommenden Jahren für einen Oberstufenschüler ganz gut verdient.

Wenn du in Zukunft mit anderen Menschen über deine Ziele sprichst, bekommst du vielleicht vorgelebt, welche Strategien andere Menschen konkret für sich nutzen. Und es wird dir helfen, weil du vielleicht konkrete Strukturen zur Problemlösung präsentiert bekommst, oder dir schlichtweg das gewünschte Verhalten gezeigt wird und du dieses schnell in deinem Verhalten nachahmen kannst.

Wie du mit deinem Verhalten das Gefühl beeinflussen kannst

Ich habe schon einmal angedeutet, dass ich morgens gerne einen guten Kaffee trinke. Wenn ich mal schlecht geschlafen habe, trotte ich mit eher gesenktem Kopf zur Kaffeemaschine, um im Halbdunkel den Startknopf zu suchen. Nun könnten wir sagen, ich schleppe mich zur Kaffeemaschine, weil ich schlecht geschlafen habe. So, wie ich mich fühle, verhalte ich mich auch. Doch es ist andersherum: Ich stehe vor allem deshalb schlecht gelaunt vor der Kaffeemaschine, weil ich ein gewisses Verhalten an den Tag gelegt habe – ich bin kraftlos dorthin getrottet und nicht aufrecht und mit dem lauten Gedanken „Heute ist der beste Tag Deutschlands" dorthin marschiert. Je nachdem, wie ich mich verhalte, kommt es zu einem entsprechenden Gefühl.

Gefühl und Verhalten bzw. Körpersprache beeinflussen sich wechselseitig, das versuche ich in der Praxis zu nutzen. Wenn du dich schlecht fühlst, kannst du nicht mal eben so dein Gefühl ändern. Dein Verhalten in den allermeisten Fällen hingegen schon.

Das Löwenbild

Wir sind im Zoo und sehen in einiger Entfernung einen Löwen, der offensichtlich außerhalb seines Geheges umherwandert. Wir würden wegrennen, weil wir Angst haben, vom Löwen gefressen zu werden. Soweit richtig?

Bereits im vorletzten Jahrhundert hat man sich mit dieser Frage beschäftigt. Der amerikanische Arzt William James und der dänische Psychologe Carl Lange haben unabhängig voneinander, jedoch zeitgleich eine Idee veröffentlich, die sich zu großen Teilen überschnitt und die heute unter dem Namen *James-Lange-Theorie* bekannt ist. Vereinfacht und übertragen auf unseren Zoobesuch könnte man diese Idee so beschreiben: Wir sehen einen Löwen, in unserem Gehirn kommt ein Reiz (Trigger) an, worauf unser Angstzentrum reagiert und Stresshormone ausgeschüttet werden, die bewirken, dass wir wegrennen. Und weil wir wegrennen, entsteht ein Gefühl der Angst.

Wir verspüren also nicht Angst und rennen daraufhin weg, sondern die Kombination aus Trigger und körperlicher Reaktion (Ausschüttung von Stresshormonen, Wegrennen) lässt das Gefühl der Angst entstehen. Das Gefühl ist die Folge der körperlichen Vorgänge.

Wir fühlen, nachdem unser Körper reagiert hat.

Wie können wir diese Idee für uns nutzen? Schauen wir uns dazu die einzelnen Schritte an. Der Trigger ist eine Variable, das heißt, ich kann in Zukunft versuchen, den Reizauslöser zu vermeiden, wenn ich eine bestimmte angsteinflößende Situation überstanden habe. Also zum Beispiel nicht mehr in den Zoo gehen. Doch ein solcher Auslöser kann mir auch an anderen Orten begegnen, zum Beispiel kommt es im Straßenverkehr zu einer gefährlichen Situation. Würde ich in Zukunft auch diese und vergleichbare Situationen vermeiden, verlasse ich aus Angst irgendwann gar nicht mehr das Haus. Die Vermeidung der Trigger kommt also nicht in Betracht.

An der Ausschüttung von Stresshormonen können wir so gut wie nichts verändern, sie ist eine Konstante. Wie der Reflex unterhalb der Kniescheibe: Ich schlage mit einem Reflexhammer auf diesen Punkt, und mein Unterschenkel wird nach vorne schnellen.

Wirklich interessant wird es beim Verhalten, denn auch das ist eine Variable: Je nachdem, wie ich mich in einer bestimmten Situation verhalte, kommt es zu einem entsprechenden Gefühl.

Gehen wir noch einmal in den Zoo: Wir sehen, dass ein Löwe auf uns zukommt. Unser Gehirn wird angetriggert und ordnet die Ausschüttung von Stresshormonen an. Jetzt könnte ich mich erst einmal an den nächsten Baum lehnen und schauen, was passiert. Das soll nicht unbedingt heißen, dass das eine bessere Alternative als Weglaufen wäre. Es soll aber verdeutlichen, dass auf diese Weise ein anderes Gefühl entstehen würde als Angst.

Ich arbeite oft und gerne mit dieser Idee, sie bringt häufig erstaunliche und schnelle Resultate. Denn im Alltag geht es nicht um die lebensbedrohlichen Situationen, auch wenn sie sich manchmal so anfühlen: Es geht um die Gehaltserhöhung, das Reden vor vielen Menschen, das Kennenlernen eines fremden Menschen. Und dort kannst du noch einiges trainieren!

Welche Verhaltensweisen du in Zukunft konkret in bestimmten Bereichen deines Lebens einführen kannst, um dein Selbstwertgefühl zu steigern, beschreibe ich im achten Kapitel.

Video 40: Das Löwenbild: mit dem Verhalten das Gefühl beeinflussen
www.Löwenbild.10einfacheSchritte.de

Eigene Widerstände akzeptieren

Widerstände begegnen uns an vielen Stellen, zum Beispiel in Form einer Mauer aus Schmerz. Oder als Lähmung. Oder als Gedankenblockade. Es gibt viele unterschiedliche Formen, die uns häufig am Vorankommen hindern. Schauen wir uns deine Widerstände einmal genauer an.

Widerstände neu interpretieren

Jan ist ein engagierter Grundschullehrer, ich arbeite schon längere Zeit mit ihm. Gleich zu Beginn unserer Gespräche konnten wir einen Hauptteil seiner Problematik lösen, und fortan trafen wir uns zu spannenden, lustigen und erkenntnisreichen Sitzungen im lockeren Rahmen. Ich wusste, dass es ihm richtig gut ging, und so konnte ich mit ihm ein Experiment durchführen: Ich bat ihn, fünf Glaubenssätze laut vorzulesen, die ich auf meine Tafel in der Praxis geschrieben hatte und die sich auf seine Tätigkeit in der Schule bezogen:

- Ich bin ein schlechter Lehrer.
- Das Unterrichten macht mir überhaupt keinen Spaß.
- Die Kollegen an der Schule nehmen mich nicht ernst.
- Die Rektorin hat es auf mich abgesehen.
- Die Schüler gehen mir auf die Nerven.

Jan weigerte sich zunächst, diese Sätze laut zu lesen. Nach mehrmaliger Ermutigung tat er es dann doch – roboterhaft und ohne Melodie in seiner Sprache. Er verspürte einen enormen Widerstand, die Sätze vorzulesen. Denn er hatte schon Lunte gerochen.

Mit dem oben beschriebenen Löwenbild hab ich den Gedanken dargestellt, dass unser Verhalten die entsprechenden Gefühle entstehen lässt. Jan ging es gut, und das lag an seinen positiven Denkmustern. Und aus dem entsprechenden Verhalten entstanden wiederum positive Denkinhalte. Das entspricht einer gewissen Drehrichtung. Nun bot ich Jan neue Glaubenssätze an – die dem genau entgegengesetzt waren. Würde er sich voller Elan in diese neuen negativen Denkstrukturen begeben, indem er die Sätze laut vorlas, würde aus diesem *Verhalten* ein entsprechendes *Gefühl* entstehen, welches ebenfalls entgegengesetzt zu seiner vorhergehenden Stimmung sein würde – depressiv und negativ. Diesem potenziellen Verlauf widersetzte Jan sich, um sich in gewisser Weise zu schützen.

Betrachten wir diesen Widerstand einmal losgelöst vom Inhalt (fröhliche oder depressive Gedanken) auf der Strukturebene: Jans Kopf ist in einem Modus unterwegs, der einer bestimmten Drehrichtung entspricht. Kommen nun Gedanken ins Spiel, die mit einer entgegengesetzten Drehrichtung verknüpft sind, so baut sein Kopf einen Widerstand auf. Der Widerstand entsteht nicht, weil er anstelle von positiven Gedanken schlechte einbauen soll – sondern weil ein entgegengesetzter Drehimpuls auftritt, der unabhängig von schlecht zu gut oder gut zu schlecht wirkt!

Fühle ich mich gut und habe fröhliche Denkmuster, wird in meinem Kopf auch kein Widerstand entstehen, wenn ich positive Sätze lese. Genauso, wenn es mir schlecht geht und ich meine gewohnten schlechten Gedanken denke. Doch geht es mir gut und ich soll bewusst schlechte Gedanken denken, wird Widerstand entstehen – genauso, wenn es mir schlecht geht, und ich soll mir plötzlich positive Gedanken machen.

Wir dürfen Widerstand also fortan als etwas verstehen, das immer auftaucht, wenn ich mich mit Neuem konfrontiere. Oder wenn ich mich mit Gedanken konfrontiere, die mein Gehirn noch nicht kennt und die eine andere Drehrichtung haben als meine gewohnten. Widerstand ist also nichts Schlechtes, sondern systembedingt einprogrammiert. Und vor allem ist Widerstand kein Hinweis auf eine höhere Wahrheit und demnach auch nichts pauschal Schlechtes. Soll heißen: Wenn du beim Planen oder Erreichen deiner Ziele Widerstände spürst, ist das normal. Es ist kein Zeichen dafür, dass etwas nicht funktioniert oder du etwas lieber sein lassen solltest. Wird der Widerstand jedoch zu groß, halte inne und frage dich, ob du gerade waghalsig wirst. Das ist nicht unser Ziel.

Video 41: Was sind innere Widerstände?
www.Widerstand.10einfacheSchritte.de

Widerstände akzeptieren und überwinden

Der Kopf ist rund, damit das Denken die Richtung ändern kann. Wir können lernen, Widerstand als Standardprogramm unseres Gehirns zu verstehen. Das bedeutet auch: Machst du häufiger das Ungewohnte, wird das Ungewohnte zur Gewohnheit. Widerstände treten auf, und du bleibst am Ball. Der Widerstand wird höchstwahrscheinlich schnell nachlassen, da du über eine beachtliche Fähigkeit verfügst, neue Drehrichtungen anzunehmen. Es ist daher sinnvoll, den Widerstand zu akzeptieren und dadurch zu überwinden. Das geht ganz einfach, indem du dich zum Beispiel darauf vorbereitest: „Ich möchte zum Chef gehen und um eine Gehaltserhöhung bitten. Ich werde kurz vorher vielleicht einen großen Widerstand spüren, weil ich nicht gewohnt bin, um Gehaltserhöhungen zu bitten. Und das ist okay. Sobald ich meine Bitte geäußert habe, wird der ganze Druck abfallen und ich werde mich wunderbar leicht fühlen."

Kämpfe nicht gegen den Widerstand, freunde dich mit ihm an. Er scheint in unserer evolutionsbiologischen Herkunft eine bedeutende Rolle gespielt und unseren Vorfahren das Überleben gesichert haben. Sei dankbar, dass du Widerstände erleben darfst. Und solltest du doch einmal einen zu großen Widerstand verspüren – halte inne. Vielleicht hat dein Kopf recht und du darfst noch ein zweites Mal über dein Vorhaben nachdenken.

Präge dich auf deine Ziele

Ich biete dir jetzt drei Sätze an, die grammatikalisch durcheinandergeraten sind. Schau dir die Sätze einmal an und lies sie im richtigen Satzbau laut vor:

- Friedhof Tote dem auf begraben werden.
- Menschen Seniorenheim manchmal alte leben im.
- Gehhilfen Rollatoren sind.

Man hat in verschiedenen Versuchsreihen herausgefunden, dass wir Menschen uns in bestimmter Hinsicht prägen lassen. So hat man Probanden solche Sätze wie oben vorgelegt. Und man hat Erstaunliches darstellen können: Wenn Probanden zehn Sätze in die grammatikalisch richtige Reihenfolge bringen, die sich zum Beispiel mit dem Älterwerden beschäftigen, werden danach Konzentrationsaufgaben langsamer durchgeführt als vorher – das Gehirn prägt sich auf die thematisierten Inhalte, wird in unserem Beispiel also langsamer.

Das darfst du für dich nutzen: Du hast in diesem Kapitel bereits gelernt, dich in deinem Alltag auf deine Ziele zu fokussieren. Dabei darfst du auch bestimmte Sprachmuster nutzen. Versuche, bei der Umschreibung deiner Ziele den entsprechenden Kontext mit einzubinden. Variiere deine Ausführungen und nutze immer wieder unterschiedliche Umschreibungen. Der Effekt hält zwar nicht so lange an, doch ist es ein guter Stimmungsmacher, um am Ball zu bleiben!

Lernkurven sind nicht gerade

Wie ich schon erwähnte: Ich mag die Arbeiten von Vera F. Birkenbihl sehr gerne, sie hat sich viel mit dem Thema Lernen und Kommunikation beschäftigt. Unter anderem hat sie ein kleines Experiment entwickelt, das ich dir hier vorstelle. Du bekommst jetzt zehn Begriffe, die erst einmal nichts miteinander zu tun haben. Deine Aufgabe besteht darin, sie in drei Kategorien einzuteilen. Welche Kategorien du wählst und wie du die Begriffe verteilst, ist dir überlassen. Am Ende sollst du aber alle Begriffe untergebracht haben.

1. Lkw
2. Spazierstock
3. Wasser
4. Ball
5. Alkohol
6. Internet
7. Tisch
8. Computer
9. Hut
10. Glühbirne

Vielleicht findest du direkt Gemeinsamkeiten und kannst darüber eine Kategorie bilden. Zum Beispiel *Dinge im Haushalt* für Wasser, Alkohol, Internet, Tisch und Computer. Oder du baust dir einen Film auf, wie du einen Lkw-Fahrer siehst, der aus seinem Fahrzeug aussteigt, einen Hut aufhat und mit einem Spazierstock losmarschiert – und nimmst die Kategorie *Spaziergang nach einer anstrengenden Fahrt*. Ganz egal, es sollen deine Kategorien sein.

Wenn du Lust auf diese kleine Übung hast, dann lege eine kleine Lesepause ein. Notiere deine Kategorien und ordne die Begriffe zu. Hast du drei Kategorien gefunden, mit denen du zufrieden bist, dann lies weiter. Wozu du diese kleine Übung gemacht hast, erfährst du gleich.

Wenn ich Menschen nach Lernkurven frage, also dem Zusammenhang zwischen der Lernzeit und dem Lernerfolg, denken viele erst einmal an eine Gerade, die gemächlich nach oben steigt – je mehr ich lerne, desto größer ist auch der Lernerfolg. Das ist häufig jedoch nicht so! Ich lerne und lerne und lerne, doch es bleibt nicht viel hängen. Meine Lernkurve steigt nur langsam an. Doch dann kommt plötzlich Schwung in die Sache und mein Wissen steigt rapide an. Lernkurven sind häufig ähnlich einer exponentiell steigenden Kurve. Zunächst tut sich wenig, und dann passiert plötzlich in kurzer Zeit sehr viel.

Das ist ein weiterer Grund dafür, bei deinen Bestrebungen hin zu einem höheren Selbstwertgefühl immer am Ball zu bleiben! Zuerst werden die Erfolge klein, vielleicht gar nicht merkbar sein. Sei mutig, akzeptiere deine Widerstände und mach weiter. Du wirst belohnt werden!

Kommen wir zu den zehn Begriffen zurück: Die Aufgabe bestand nicht darin, die Begriffe auswendig zu lernen, sondern sie in drei Kategorien unterzubringen. Doch versuche jetzt einmal, aus deiner Erinnerung heraus alle Gegenstände aufzuzählen.

An wie viele konntest du dich erinnern? Wahrscheinlich bist du über dich selbst verwundert. Es ist erstaunlich, wie einfach *Lernen* manchmal ist. Allein durch den Prozess, unzusammenhängende Begriffe in eine für dich logische Struktur zu bringen, speichert dein Kopf die Begriffe automatisch ab. Wenn ich das Beispiel in der Praxis anwende, schaffen die meisten Klienten acht bis neun Begriffe. Vera F. Birkenbihl nennt das Ganze „Informationen gehirngerecht aufarbeiten".

Auch das darfst du nutzen, um zu einem höheren Selbstwertgefühl zu kommen. Beschäftige dich mit deinen Zielen und baue logische Strukturen auf. Du kannst dir bestimmte Dinge davon nicht gut merken? Gliedere die einzelnen Fragmente in Kategorien und du wirst viel besser darauf zurückgreifen können. Teile deine großen Ziele in kleinere Ziele auf und baue dadurch übergeordnete Kategorien auf. Mache dir Gedanken über deine möglichen Zielwege und baue Meilensteine ein.

DAS WICHTIGSTE KOMPAKT

- Visualisiere deine Ziele und mache sie in deiner Umwelt sichtbar.
- Sprich mit anderen über deine Ziele und kopiere funktionierende Strategien.
- Gefühl und Verhalten stehen in einer Wechselwirkung – hast du ein schlechtes Gefühl, dann versuche dich so zu verhalten, als hättest du bereits ein gutes Gefühl.
- Widerstände entstehen immer dann, wenn du deine gewohnten Denkmuster veränderst. Sie sind nichts Schlechtes, und du kannst lernen, mit Widerständen umzugehen.
- Lernen passiert von ganze alleine, wenn du Informationen gehirngerecht aufarbeitest.

7 EIN JEDER SCHREIBT SICH SEINEN WERT SELBST ZU

Dieses Kapitel fasst die gängigen Strategien zusammen, wie die meisten Menschen sich bewerten und wie du es in deiner Vergangenheit wohl auch getan hast, wodurch dein Selbstwertgefühl gelitten hat. Des Weiteren erfährst du, worauf du bei der Selbstbewertung in Zukunft den Fokus legen darfst: Du kannst dich nicht nicht *verändern; du darfst dich auf vernünftige Art und Weise mit anderen vergleichen; für deine Veränderung lohnt es sich, dass du dich erst einmal selbst akzeptierst – mit all deinen Stärken und Schwächen.*

Video 42: Was dich in Schritt 7 erwartet
www.Schritt7.10einfacheSchritte.de

Wie ich mich früher bewertet habe

Im ersten Kapitel habe ich beschrieben, wie wir uns vor dem Spiegel selbst (negativ) bewerten. Stell dich nun noch einmal vor einen Spiegel. Früher hast du dich betrachtet und möglicherweise ein schlechtes Gefühl bekommen, zum Beispiel wenn du eine gewisse Stelle deines Körpers angeschaut hast. Das schlechte Gefühl entsteht nicht aufgrund eines visuellen Eindrucks, sondern aufgrund einer auditiven Wertzuschreibung. Du hast abwertend zu dir selbst gesprochen. Diese Art der Selbstbewertung basiert auf einem externen Bewertungssystem. Irgendwann einmal hast du gewisse Bewertungsmuster übernommen und sie fortan in deinem System angewendet. Vielleicht sogar ohne dich zu fragen, ob die Art und Weise, wie du dich bewertest, überhaupt mit dem übereinstimmt, wie du dich selbst siehst.

Wir wollen hin zu den neuen Mustern. Dazu fragen wir nicht, wie wir vom Alten wegkommen, sondern wir fragen, welche neuen Dinge da sein sollen.

Ein schönes Beispiel hierfür ist der Wunsch, mit dem Rauchen aufzuhören. Hin und wieder helfe ich einem Klienten, sich von diesem Laster zu trennen. Dabei ist erst einmal wichtig zu definieren, dass die meisten Raucher sogenannte *Belohnungsraucher* sind. „Wenn ich damit fertig bin, gönne ich mir eine Zigarette." Oder die Zigarette nach dem Essen. Oder die zum Kaffee. Es sind die gewohnten Muster, die wir durchbrechen wollen. Das klappt dann am besten, wenn der Raucher eine konkrete Antwort auf folgende Frage hat: Was möchte ich in Zukunft machen, anstatt eine Zigarette zu rauchen?

> Womit ersetze ich in Zukunft das Verhalten, das ich nicht mehr zeigen möchte?

Ein Kollege im Rettungsdienst hat einmal in einem 24-Stunden-Dienst ganze drei Liter Orangensaftschorle vernichtet – statt zu rauchen. Immer dann, wenn er früher eine Zigarette angezündet hatte, nahm er nun mehrere Schlucke aus seiner Flasche. Mit Erfolg: Anstatt nach dem Einsatz eine zu rauchen, verschwand er erst einmal auf der Toilette, trank dann etwas, und dann kam meistens schon der nächste Einsatz. Es dauerte keine Woche, da war er weg vom Nikotin. Und den hohen Konsum an Orangensaftschorle konnte er auch schnell minimieren.

Wir merken uns: Wenn wir ein Verhalten verändern möchten, geht es nicht um das *Wie,* sondern meistens um das *Was*. Wenn ich das unerwünschte Verhalten in Zukunft nicht mehr bei mir beobachten möchte, was möchte ich an seiner Stelle tun?

Habe ich früher meine eigene Leistung erkannt?

Ganz zu Beginn des Buches habe ich darauf hingewiesen: Denken ist auditiv. Wenn du denkst, dann sprichst du zu dir selbst. Und du wirst dich (vielleicht) loben, wenn du etwas gut gemacht hast. Ebenso wirst du dich tadeln, wenn du etwas nicht gut gemacht hast. Früher hattest du vielleicht ein großes Ungleichgewicht: viel Tadel und wenig bis gar kein Lob. Manche Menschen haben erstaunliche Gründe dafür: „Wenn ich von außen nicht gelobt werde, dann habe ich doch auch gar keine Berechtigung, mich selbst zu loben." Ich finde, dass man sich gerade dann, wenn das Lob von außen fehlt, selbst loben soll.

Es geht bei Lob und Kritik auch um den Begriff *Anerkennung*. Erkennst du deine eigene Leistung überhaupt? Und falls das der Fall ist, *erkennst* du deine eigenen Leistungen auch *an*? Wenn du deine eigenen Leistungen nicht erkennst, geschweige denn anerkennst, kannst du dich auch nicht dafür loben. In der Vergangenheit hast du vielleicht vielen Dingen keine Beachtung geschenkt, die du aber eigentlich recht gut gemacht hast. Das fängt bei den kleinen Dingen an: Du hast dir morgens einen richtig guten Kaffee gemacht? Das Müsli war super gemischt? Du bist mit dem Klingeln des Weckers aufgestanden? Lobe dich dafür! Denn wer außer dir kann dir hierzu die Erlaubnis geben?

Für mich steht hierbei das Folgende im Vordergrund: Es geht nicht darum, wofür genau du dich lobst. Sondern dass du es tust! Was soll schon Schlimmes passieren, wenn du dich dafür lobst, dass du dir besonders raffiniert die Zähne geputzt hast? Im schlimmsten Fall wirst du mild über dich grinsen – was immerhin besser ist, als eine trübe Miene aufzusetzen!

Fange an, deine eigenen Leistungen anzuerkennen, indem du auf der auditiven Denkebene entsprechende Bewertungen machst. Sage dir immer wieder, dass du Dinge richtig gut gemacht hast, wenn das auch der Fall ist. Gehe weg von der Bewertung „Das ist doch lediglich das, was von mir erwartet wird“ hin zu „Ich habe die Erwartungen an mich erfüllt und darf stolz auf mich sein. Ich habe das gut gemacht!“ Wenn du dich nicht lobst, wird es vielleicht keiner machen.

Diese vielen kleinen Handlungen der Anerkennung werden einen regelrechten Schub für dein Selbstwertgefühl bedeuten!

Lobe dich selbst!
Auch für kleine Dinge.

Es gibt vielleicht einen kleinen Grund, sich selbst nicht zu loben: Eigenlob stinkt! Doch das ist kein wirklicher Grund. Das ist eine Vorannahme. Und glaub mir: Eigenlob stinkt nicht. Weder bei mir noch bei meinen Klienten. Das kann ich bestätigen, denn ich habe eine sehr gute Nase.

Ich darf mich akzeptieren

Akzeptieren kommt vom lateinischen *accipere* und bedeutet „annehmen“. Hast du dich früher angenommen, wie du warst? Oder hast du dich teilweise abgelehnt, weil du an dir Dinge beobachten konntest, die dir nicht gefielen? Du darfst lernen, dich in deinem Alltag immer wieder anzunehmen, also so zu akzeptieren, wie du bist. Das geht auch hier wieder am einfachsten, indem du dir in deinen Denkprozessen schlichtweg sagst, dass du gut bist und dich so akzeptierst, wie du bist.

Dabei möchte ich noch einmal genauer auf früher schauen: Damals konntest du Verhalten an dir beobachten, das du nicht bei dir sehen wolltest. Du konntest jedoch vermutlich nicht genau benennen, welches Verhalten du anstelle des unerwünschten bei dir sehen wolltest. Werde konkreter! Was genau möchtest du denn an dir beobachten, sodass du dich annehmen kannst? Nutze hier wieder die Hilfestellung, wie du Ziele definierst und gute Ziele findest, um dich auf Kurs zu halten. Nutze diese Möglichkeit und verpacke deine gewünschten Verhaltensaspekte in Zielformen. Erreichst du deine Ziele, wirst du dir selbst die Erlaubnis zur Selbstakzeptanz geben können!

Probleme lösen, Tatsachen akzeptieren

Du hast früher viel über Dinge gegrübelt, ohne wirklich weiterzukommen? Eine gute Grundlage für deinen Kopf, dich selbst abzuwerten. Denn sich Sorgen zu machen führt uns nicht weiter, und wenn wir auf der Stelle treten, geht es uns zunehmend schlechter. Das wirkt sich direkt auf unser Selbstwertgefühl aus. Versuche in Zukunft, deine Grübeleien nicht als Ausdruck eines Selbstwertproblems oder depressiven Symptoms aufzugreifen, sondern betrachte es als Chance. Nimm dein Grübeln ernst!

Dein Kopf beschäftigt sich gerade mit etwas, und du weißt nicht so genau, weshalb? Viele meiner Klienten berichten regelmäßig, sie dächten über „Quatsch" nach. Das sehe ich nicht so. Wenn mein Gehirn etwas beschäftigt, hat es meistens einen guten Grund dafür. Es kann jedoch durchaus sein, dass ich ein Problem nicht zu Ende gedacht habe und deshalb vor der Lösung hängengeblieben bin – und schon befinde ich mich im Grübelkreislauf.

Setze dir in Zukunft ein deutliches Stopp-Signal im Kopf, wenn du dich beim Grübeln ertappst. Und betrachte das Ganze einmal aus folgender Perspektive: Probleme sind lösbar, sonst wären es Tatsachen. Wenn du tatsächlich ein Problem hast, mache dir Gedanken über einen Lösungsweg. Du hast den Gedanken, du könntest eine wichtige Prüfung nicht bestehen? Sorge dafür, dass du dir das notwendige Wissen aneignen kannst. Lernen zusammen mit anderen, simuliere Prüfungen. Mach dich zum Meister dessen, was du erreichen möchtest!

Vielleicht kommst du zu der Erkenntnis, dass du gar kein Problem hast, sondern mit einer Tatsache konfrontiert bist. Bei Problemen brauchst du eine Lösungsstruktur, bei Tatsachen eine Akzeptanzstruktur! Akzeptieren läuft wieder über auditive Denkmuster. Du darfst dir in Zukunft immer wieder sagen: „Ich akzeptiere jetzt einfach mal das, was ist." Vielleicht verschaffst du dir hierdurch eine gewisse Basis, auf der du dann weiterarbeiten kannst. Denn wenn du weiterhin gegen etwas ankämpfst, machst du es nur stärker. Das gilt auch für deine Gedanken.

Dir wurde gekündigt? Akzeptiere es erst einmal, denn wenn du jetzt rumtobst und dich selbst fertigmachst, wird deine Kündigung trotzdem im Raum stehen. Du hast dich auf ein gemütliches Schäferstündchen mit deinem Partner gefreut, doch der Nachwuchs meldet sich? Sei dankbar für dein gesundes Kind und akzeptiere, dass es jetzt deine Unterstützung braucht.

Warte nicht auf das Gefühl, etwas akzeptieren zu können, um es dann auf deiner auditiven Verarbeitungsebene mitzubekommen. Setze dieses Signal der Akzeptanz selbst und bewusst, und das Gefühl wird sich hierüber einstellen.

Was Glaubenssätze konkret bedeuten

Die Zahl konkreter Glaubenssätze, die dich limitieren können, ist gar nicht so groß. Im Detail sind sie vielleicht vielfältig, doch die Muster wiederholen sich ständig. Im Folgenden biete ich dir einige der gängigsten Glaubenssätze von Menschen an, die sich mit einem niedrigen Selbstwertgefühl herumgeschlagen haben. Vielleicht erkennst du einige davon bei dir wieder. Um den Blick auf deine Veränderung und damit auch auf ein höheres Selbstwertgefühl zu richten, biete ich dir außerdem eine mögliche Herangehensweise an, die dem jeweiligen Klienten geholfen hat. Behalte hierbei bitte folgende Grundregel im Hinterkopf: Verlasse die Position des passiven Zuhörers und werde zum aktiven Sprecher deiner Gedanken!

Das schaffe ich doch sowieso nicht! Henry Ford hatte es einmal sehr treffend formuliert: „Egal, ob du sagst, etwas funktioniert oder etwas funktioniert nicht, du wirst recht behalten." Beachte, dass du häufig Erfahrungen aus der Vergangenheit so formulierst, dass sie eine suggestive Wirkung auf deine Zukunft haben. Und daraus wird schnell eine *self-fulfilling prophecy*. Deine Einstellung führt dazu, dass das Ergebnis tatsächlich so eintritt. Mache dir Folgendes bewusst: Was hat deine bisherige Vergangenheit mit deiner gewünschten Zukunft zu tun?

Was habe ich gemacht, um das verdient zu haben? Wenn du auf lange Sicht glaubst, dass dir nur das Schlechte widerfährt, wirst du ein Motivationsproblem bekommen. Lieber ein Optimist, der ab und zu falsch liegt, als ein Pessimist, der immer recht hat. Zudem wirst du vermutlich mit folgender Vorannahme gelebt haben: „Menschen bekommen immer, was sie verdienen." Auf dieser Vorannahme entstehen viele Fragezeichen, wenn du dir die Welt da draußen betrachtest. Hinterfrage daher diese Vorannahme, und du wirst zu einem viel klareren Blick kommen: Wir Menschen bekommen eben nicht das, was wir verdient haben! In vielen Situationen bekommen wir Menschen vielmehr genau das, was wir uns in dem Moment genommen haben.

Dafür bin ich nicht der Typ. Dein Typ beziehungsweise Charakter besteht nur aus deinen Beobachtungen deiner Vergangenheit. Nicht, weil du für etwas nicht der Typ bist, machst du etwas nicht. Sondern weil du etwas noch nicht gemacht hast, denkst du, du wärst nicht der Typ dafür. Ersetze diesen Glaubenssatz also durch einen neuen: „Ich bin ein Mensch mit der Fähigkeit, mein Leben lang dazuzulernen. Das gilt für meine Persönlichkeit wie für meine Fertigkeiten. Ich definiere mein Ziel, und der Weg dorthin ebnet sich wie von selbst."

Dafür bin ich zu alt. Dein Alter spielt nur selten eine tragende Rolle. Doch natürlich gibt es Dinge, die man ab einem bestimmten Alter nicht mehr machen sollte. Dann sei lieber zu alt für etwas, als dich zum Affen zu machen. Doch häufig kommt diese Vorannahme zu früh im Leben. Bist du wirklich zu alt oder suchst du nach einer Ausrede, um in deiner Komfortzone zu bleiben?

Ich habe dafür keine Zeit. Das kann bis morgen warten. Es gibt zwei Währungen in dieser Welt: Die eine ist Geld, die andere Zeit. Und Zeit ist etwas, das man nicht geschenkt bekommt, sondern sich nimmt. Werde dir deiner Ziele bewusst und sorge dafür, dass sie für dich einen hohen Stellenwert besitzen. Bestimme die Prioritäten in deinem Leben neu und schaffe dir dadurch Zeitfenster. Achte auch darauf, deine Aufgaben zu terminieren. Wenn es keinen konkreten Zeitpunkt gibt, wann etwas erledigt sein soll, kann fast alles bis zum nächsten Tag warten. Frage dich: Warum kann ich das nicht gleich heute erledigen? Morgen wirst du wieder vor der Aufgabe stehen und dann gerätst du irgendwann unter Zeitdruck. Gehe gedanklich schon einmal in das innere Bild, wie es aussieht, wenn du die Aufgabe erledigt hast. Achte nicht auf den Prozess, sondern auf das fertige Ergebnis. Das wird sich deutlich besser anfühlen und dich motivieren!

Dafür ist es jetzt sowieso zu spät. Nein, ist es vermutlich nicht. Du hast Angst, dein ursprüngliches Zielbild nicht umgesetzt zu bekommen. Es könnte damit zusammenhängen, dass du kein anderes als dein ursprüngliches Zielbild duldest. Das kann auch etwas mit *Ungeduld* zu tun haben. Mach dich locker und überlege dir, ob nicht auch 80 Prozent des ursprünglichen Zielbildes ausreichen könnten.

Wie ich mich in Zukunft bewerten darf

Nach den Tipps zur Veränderung alter Muster im vorhergehenden Abschnitt biete ich dir im Folgenden einige konkrete Modelle an, wie du dich selbst neu bewerten kannst. Damit wirst du in der Lage sein, dein Selbstwertgefühl immer weiter hochzuschrauben.

Ich kann mich nicht *nicht* verändern

Das ist ein ganz großer Vorteil: Du kannst dich nicht *nicht* verändern. Auch wenn an manchen Stellen bisher die Nicht-Veränderung dominiert hat, werden im Detail durchaus Unterschiede messbar sein. Wenn mir ein Klient erzählt, dass sein Problem jeden einzelnen Tag präsent ist, drückt dies auch auf seine Stimmung. Messen wir dann die Anwesenheit seines Problems auf einer Intervallskala, also zum Beispiel mit Werten zwischen 0 und 10, kann man meist Schwankungen beobachten. Das ist wichtig, denn auch wenn ein

Problem jeden Tag da war, so taucht es doch oft in unterschiedlichen Stärken auf. Und genauso werden sich deine Verhaltens- und Denkweisen immer wieder ein wenig verändern. Du kannst quasi gar nicht im Stillstand leben! Du müsstest sogar Energie in dein Denksystem investieren, um es auf möglichst gleichem Niveau zu halten. Das kannst du für dich und dein hohes Selbstwertgefühl nutzen: Deine Energie folgt ja immer deiner Aufmerksamkeit. Richtest du deinen Fokus auf das, was du erreichen möchtest, wirst du dich automatisch dorthin entwickeln. Lass es einfach laufen!

> Richte deinen Fokus auf das, was du erreichen möchtest, dann wirst du dich dorthin entwickeln.

Vergleiche dich mit anderen – und zwar vernünftig

Viele Klienten meinen, es sei ungünstig, sich mit anderen zu vergleichen. Das finde ich nicht, ich sehe hierin sogar eher großes Potenzial. Und das hat absolut nichts mit einem geringen Selbstwertgefühl zu tun!

Wie kommen Menschen dazu, mit diesen Vergleichen ein schlechtes Gefühl zu verbinden? Vergleiche mit anderen entstehen häufig bereits aus einem schlechten Gefühl heraus: Jemand anderes kann etwas besser, sieht hübscher aus, hat mehr Glück oder einfach ein schöneres Leben. Man könnte auch sagen, dass jemand aus Neid heraus Vergleiche anstellt beziehungsweise dass Neid ein Gefühl wäre, welches aus solchen Vergleichen heraus entstehen kann. Ich würde mich aus einem schlechten Gefühl heraus ja auch nicht mit jemandem vergleichen, der sich mit mir auf Augenhöhe befindet. Sondern ich würde mich mit jemandem vergleichen, der über mir steht. Und so mache ich mich auf gefühlte Mangelzustände in meinem eigenen Leben aufmerksam.

Manche Menschen versuchen sogar, sich in einer schwierigen Situation mit jemandem zu vergleichen, dem es offensichtlich schlechter geht als ihnen selbst, damit sie aus dem Vergleich eine bessere Ausgangslage ihrer eigenen Situation bekommen. Auch das kann nicht funktionieren.

Zum einen beschäftigen wir uns mit einem negativen Zustand und füttern unser Gehirn mit Informationen. Wie bei den täglichen Nachrichten muss unser Gehirn alle Informationen aufnehmen und verarbeiten. Wir können uns nicht dagegen verschließen, indem wir zum Beispiel einzelne Nachrichtenbestandteile ausblenden. Mit diesen Informationen schaffen wir die Grundlage für ein schlechtes Gefühl.

Der Vergleich mit anderen birgt großes Potenzial.

Zum anderen geht es in meiner Sichtweise nicht darum, wie schlecht es jemandem im Vergleich zu einer anderen Person geht. Es gibt für mich kein „Wohlstandsgejammer“, sondern nur eine subjektive Leidenskomponente. Wenn es jemandem schlecht geht, geht es jemanden schlecht. Und ein Vergleich mit jemand anderem nützt hier in keiner Weise, denn es geht demjenigen immer noch schlecht.

Ich habe oben gesagt, dass ich im Vergleich mit anderen Menschen großes Potenzial vermute. Das möchte ich nun näher erklären: In unserer evolutionsbiologischen Herkunft war es sinnvoll, sich mit anderen zu vergleichen. Jemand anderes hatte mehr zu essen, einen sichereren Unterschlupf, einen stärker wirkenden Partner. Hat unser Vorfahre sich Gedanken darüber gemacht, wie er all dies ebenfalls bekommt, hatte er höhere Chancen zu überleben und sich fortzupflanzen – sein Dasein wurde sicherer. Gehen wir also davon aus, dass das Vergleichen mit anderen Menschen ein Basisprogramm in unseren Köpfen ist. Und tatsächlich steckt darin auch heute noch etwas Gutes.

Es kommt auf den Modus an: Vergleiche ich mich mit anderen und habe einen neidvollen Blick, ohne konkrete Ziele zu verfolgen, stellt sich ein Gefühl von Mangel ein. Ich werde dann dazu neigen, mich immer wieder mit neuen Menschen zu vergleichen, und ich drehe mich irgendwann nur noch im Kreis. Dieser Modus ist heutzutage vielleicht deshalb so weit verbreitet, weil es in unserer Kultur nicht mehr ums Überleben geht. In unserer sicheren Welt sind diese gespeicherten Routinen teilweise überflüssig geworden.

Wenn wir jedoch lernen, den Modus zu verändern, werden Vergleiche wieder sinnvoll. Wir können sie in Zukunft unter folgenden Aspekten anwenden: Ich definiere bestimmte Ziele für mein Leben – ich möchte zum Beispiel den Chef um die Gehaltserhöhung bitten. Ich darf mich bewusst mit Menschen vergleichen, die mein gewünschtes Vorhaben bereits erfolgreich umgesetzt haben. Was haben diese Menschen genau gemacht? Wie haben sie sich vorbereitet? Welche Bilder vor dem inneren Auge waren ihnen präsent? Wie haben sie sich auf der auditiven Denkebene Mut gemacht?

Vergleiche dich also gerne mit anderen Menschen – und zwar mit Taktik. Du möchtest ein höheres Selbstwertgefühl haben und hast definiert, welche Verhaltens- und Denkweisen du hiermit verknüpfst? Suche dir Menschen, an denen du dich orientieren kannst, und fokussiere dich auf ihre besonderen Eigenschaften. Nimm den Menschen nicht unbedingt als Ganzes in den Blick, vielleicht gibt es auch ungünstige Aspekte. Und versuche, nicht zu schnell von einem zum anderen Vorbild zu springen, sonst verlierst du die Übersicht.

Video 43: Wie du dich vernünftig mit anderen Menschen vergleichen kannst

www.Vergleichen.10einfacheSchritte.de

Akzeptiere dich – und deine Schwächen

Viele meiner Klienten schlagen sich aufgrund eines Vermeidungsverhaltens mit einem schlechten Gefühl herum. So kommen sie oft zu mir mit dem Auftrag, dass ich bei der Beseitigung des Vermeidungsverhaltens helfen soll. Doch bevor ich mich damit befasse, überlege ich mit dem Klienten erst einmal, woher ein aktuelles schlechtes Gefühl kommt.

Denn fast immer ist es so: Du erlebst dich in bestimmten Situationen mit einem bestimmten Vermeidungsverhalten, welches du eigentlich gar nicht bei dir beobachten möchtest. Bislang weißt du also nur, was du nicht mehr haben möchtest. Und du hast noch nicht definiert, was anstelle des Vermeidungsverhaltens da sein soll. Du fühlst dich machtlos und versuchst, gegen das Vermeidungsverhalten anzukämpfen, doch was du bekämpfst, stärkst du nur. In diesem Prozess fängst du dann an, dich aufgrund des Vermeidungsverhaltens selbst abzuwerten – meist über den auditiven Sprachprozess auf der gedanklichen Ebene. Das heißt: Das schlechte Gefühl entsteht nicht aus dem Vermeidungsverhalten heraus, sondern weil du es bei dir beobachten kannst und dich daraufhin selbst abwertest. Hier spielt die persönliche Integrität wieder eine zentrale Rolle: Ich mache etwas, was ich in dieser Form so nicht machen möchte. Ein schlechtes Gefühl ist die Folge.

Ich arbeite also mit dem Klienten durchaus daran, das Vermeidungsverhalten für die Zukunft bewusst durch andere gewünschte Verhaltens- und Denkprozesse zu ersetzen. Doch zunächst ist es viel sinnvoller, über die eigenen Bewertungsprozesse nachzudenken. Mein Ziel an dieser Stelle: zunächst einmal die unerwünschte Verhaltensweise akzeptieren. Das wird auch funktionieren, wenn das Vermeidungsverhalten wieder einmal auftritt: „Im Moment ist es noch die beste Alternative, auf gewisse Verhaltensstrukturen zurückzugreifen. Das ist in Ordnung, denn ich arbeite ja daran, das zu verändern. Und für den Moment ist das Vermeidungsverhalten in Ordnung." Über diesen Bewertungsprozess stellt sich ein ganz anderes Gefühl ein, als wenn ich zu mir sage: „Immer dieses scheiß Vermeidungsverhalten. Ich komme da niemals von weg."

Du darfst also gerne anfangen, gewisse Anteile deiner Psyche zu akzeptieren, ohne dass du hierdurch irgendetwas befürchten müsstest. Denn dein Wunsch nach Veränderung und die entsprechende Planung deiner Ziele befinden sich weiterhin in deinem Fokus, du möchtest dich weiterentwickeln!

Video 44: Selbstakzeptanz – wie genau mache ich das?
www.Selbstakzeptanz.10einfacheSchritte.de

DAS WICHTIGSTE KOMPAKT

- Eigenlob stinkt nicht!
- Werde konkret, was da sein soll, damit du dich selbst akzeptieren kannst.
- Probleme sind lösbar – sind sie es nicht, handelt es sich um Tatsachen.
- Du kannst dich nicht *nicht* verändern.
- Deine Energie folgt immer deiner Aufmerksamkeit: Fokussiere dich immer wieder auf deine Ziele, und du wirst dich automatisch in die vernünftige Richtung bewegen.
- Vergleiche dich mit den Menschen, die bereits eine Eigenschaft besitzen oder etwas erreicht haben, was du dir noch erarbeiten möchtest.
- Akzeptiere deine heutigen Schwächen und Vermeidungstaktiken – denn Selbstakzeptanz ist ein Grundstein zur Veränderung.

8 HILFREICHE STRATEGIEN FÜR DEN ALLTAG

Dieses Kapitel fasst die bisherigen Erkenntnisse in Form von konkreten Beispielen aus meiner Praxis zusammen. Du wirst dich vermutlich in einigen Situationen wiedererkennen.

Video 45: Was dich in Schritt 8 erwartet
www.Schritt8.10einfacheSchritte.de

Umgang mit schwierigen Menschen

Menschen agieren immer logisch und zielorientiert – doch gerade bei schwierigen Menschen kennt man oftmals weder das Logiksystem noch die Zielausrichtung, sie sind absolut nicht einzuschätzen. Bei bestimmten Mitmenschen ist es daher sinnvoll, sie einfach zu umgehen. Dann musst du dich nicht mehr mit ihnen beschäftigen, und es ist egal, ob sie schwierig sind oder nicht. Das klappt am besten, wenn du nicht von allen gemocht werden möchtest. Allerdings gibt es auch schwierige Menschen, die man nicht umgehen kann. Deinen Partner, den du noch nicht verlassen konntest. Einen Elternteil. Oder ganz klassisch: deinen Chef.

Ich möchte dir daher dabei helfen, einen anderen Umgang mit den Menschen zu gestalten, die du im Moment nicht umgehen kannst. Oftmals besitzen diese Menschen Charakterzüge, die aus psychologischer Sicht pathologisch, also krankhaft, sind. So besitzen zum Beispiel Menschen mit narzisstischen Zügen ein stark erhöhtes und unrealistisch positives Selbstbild und fühlen sich im Zentrum der Macht. Damit einher geht mangelnde Rücksichtnahme auf andere Personen, und im Vordergrund steht die Bewunderung durch andere. Auch cholerische Grundzüge findet man bei vielen Menschen: Sie sind leicht erregbar, unausgeglichen und neigen zu Wutanfällen.

Je höher du die Karriereleiter steigst, desto psychopathischer werden deine Vorgesetzten, sagt man. In diesem Abschnitt geht es um den Umgang mit genau solchen Menschen, die ihre psychopathischen Neigungen ausleben und die dir das Leben schwermachen können. Die beschrieben Werkzeuge kannst du allerdings auch in vielen anderen Lebenslagen anwenden!

Nimm dem Choleriker den Wind aus den Segeln

Wie hast du bisher reagiert, wenn du einem sprachlichen Unwetter ausgesetzt warst? Du hast dich wahrscheinlich zurückgezogen und innerlich Schutz gesucht. Oder bist du gar in die Konfrontation gegangen? Beide Methoden werden dich nicht weiterbringen. Ziehst du dich zurück, leidet deine persönliche Integrität, weil du etwas machst, was du eigentlich nicht machen möchtest. Gibst du Kontra, begibst du dich auf ein Terrain, auf dem dein Gegenüber Meister ist, weil er sich dort die meiste Zeit seines Lebens aufhält. Da du dort nicht geübt bist, kann er dich gnadenlos fertigmachen.

Wir gehen mal davon aus, dass dein Gesprächspartner nach überdurchschnittlicher Bewunderung verlangt beziehungsweise kleine Auslöser bereits große Wutanfälle auslösen können. Er hat ja einen Grund, sich so zu verhalten. Versuche einmal, diesen Ebenen gerecht zu werden.

Ein Choleriker brüllt dich an? Schreib mit! Nimm dir einen Block und einen Stift mit und fange an, das mitzuschreiben, was dir gerade ins Gesicht gebrüllt wird. Wenn jemand schon so rumbrüllt, muss es doch wichtig sein, sonst würde er doch nicht brüllen. Du hast ein

Detail nicht verstanden? Dann frag nach: „Ich glaube, dass das, was Sie mir sagen möchten, wichtig ist. Das Letzte habe ich leider nicht ganz verstanden, könnten Sie das freundlicherweise noch einmal brüllen?"

Du hast einen Menschen vor dir, der extrem nach Bewunderung giert? Schenke ihm die Bewunderung, die er so dringend für sein Selbstwertgefühl nötig hast – denn du lernst ja gerade, dir selbst genug zu sein. Du bist in Zukunft nicht mehr auf die Bewunderung anderer Menschen angewiesen. Und bist deinem Gegenüber damit einen Schritt voraus.

Video 46: Wie man Cholerikern den Wind aus den Segeln nehmen kann
www.Choleriker.10einfacheSchritte.de

Dreck filtern

Stell dir eine Karaffe vor, die mit glasklarem Wasser gefüllt ist. Wunderbar durststillend und erfrischend. Dieses Wasser ist wie Kommunikation: Saubere Kommunikation, nicht getrübt von irgendwelchen Verschmutzungen, ist am besten genießbar. Aber was ist immer noch die am schwierigsten zu erlernende Sprache dieser Welt? *Klartext.*

Jetzt nehmen wir einmal diese Karaffe voll klarem Wasser und löffeln Dreck hinein.

„Du bist wirklich zu nichts zu gebrauchen."

„Das kannst du sowieso nicht!"

„Bist du eigentlich blöd? Dir muss man aber auch alles erklären!"

Und noch einen Löffel. Für jede Beleidigung und Anschuldigung geht immer mehr Dreck ins Wasser. Genauso, wie das Wasser sofort ungenießbar wird, ist das auch mit der Kommunikation. Nimm in Gedanken jetzt diese Karaffe voll dreckigem Wasser in die Hand, führe sie zu deinem Mund und nimm einen großen Schluck daraus.

Würdest du tatsächlich daraus trinken? Sicher nicht! Vielmehr sträubt sich alles in dir dagegen! Wie gehst du mit der verschmutzten Kommunikation anderer um? Früher hast du sie vielleicht viel zu oft einfach geschluckt.

Denk daran: Du kannst Informationen nicht *nicht* verarbeiten. Alles Gesagte wird auf deiner inneren Verarbeitungsebene auch verstoffwechselt. Doch du entscheidest, ob du das Gesagte so stehen lassen möchtest. Gehen wir mal einen Schritt weiter: Nimm dir in Gedanken einen Kaffeefilter und lass das verschmutzte Wasser durch den Filter laufen. Das, was unten herauskommt, würde ich auch nicht unbedingt trinken. Es ist jedoch schon ein deutlicher Unterschied zu vorher!

Lass „verschmutzte" Kommunikation durch einen Filter laufen.

Und so kannst du auch Kommunikation ein klein wenig filtern. Versuche im Nachgang, das Wesentliche des Gesagten herauszuarbeiten. Was genau wollte dir dein Gegenüber mitteilen? Was hat seine Stimmung beeinflusst? Hatte er ein Problem mit dir, oder kam seine Laune von irgendwo ganz anders her? Lege dir als Unterstützung Kaffeefilter bereit: an deinem Schreibtisch, in deinem Rucksack, in deiner Handtasche, auf deinem Nachttisch. Eine kleine Unterstützung, um dich an dieses Werkzeug zu erinnern!

Video 47: Lerne, Kommunikation zu filtern – um das Wesentliche zu erkennen

www.Filtern.10einfacheSchritte.de

Unschönes Verhalten richtig einschätzen

Dass man unschön von einem Menschen behandelt wird, ist in der Regel nicht so schlimm. Das eigentliche Problem ist, dass man danach ständig darüber nachdenkt und grübelt. In einem solchen Fall kann es helfen, genauer hinzuschauen. Benutze hierfür eine

Skala von 0 für „wenig“ bis 10 für „sehr ausgeprägt“. Stell dir folgende Fragen:

Als wie unreif (0) oder erwachsen (10) beurteilst du das Verhalten deines Gegenübers?

Wie ernst nimmst du das Verhalten auf einer Skala zwischen 0 (gar nicht ernst) und 10 (sehr ernst)?

Normalerweise nehmen wir Menschen viele Dinge sehr ernst, die wir gleichzeitig aber als recht unreif betrachten. Mache dir diese Differenz bewusst, es wird dir helfen!

Kleine gelbe Enten

Der Busfahrer ranzt dich an, der Verkäufer ist unfreundlich, dein Chef lässt dir mal wieder seine vornehmsten Gedanken zukommen? Nutze die Möglichkeit, dass dein Gehirn Informationen nicht *nicht* verarbeiten kann, und sage dir mal folgende Sätze in dein inneres Ohr:

„Ich darf jetzt auf keinen Fall daran denken, dass ...

... der Busfahrer kleine gelbe Enten auf seiner Unterhose hat!“

... der Verkäufer die heimliche Leidenschaft hat, frische Tulpen genüsslich zu verspeisen.“

... der Chef daheim in der Badewanne zu ‚Modern Talking‘ singt.“

Dies wird nicht dazu führen, dass plötzlich alle Probleme gelöst sind. Es wird dich aber zum Schmunzeln und auf andere Gedanken bringen.

Schlagfertigkeit lernen

Du kennst solche Situationen: Du gehst fröhlich pfeifend durch die Gegend, und plötzlich wirst du angeranzt: „Kannst du mal aufhören, hier so blöd rumzupfeifen?“ Du stehst mit offenem Mund da, völlig perplex und sprachlos ob der dummen Bemerkung. Dir fällt nichts Schlagfertiges ein, erst später, wenn die Situation schon längst vorbei ist, geht dir ein passender Konter durch den Kopf.

Doch da ist es zu spät. Jeder Mensch ist schlagfertig. Spätestens nach 24 Stunden.

Auch hier arbeite ich wieder mit meiner These: Nicht, weil es dir an Schlagfertigkeit mangelt, stehst du in bestimmten Situationen auf dem Schlauch. Sondern weil du dich auf bestimmte Momente nicht vorbereitet hast, erlebst du dich selbst in einer bestimmten Art und Weise, woraus du auf mangelnde Schlagfertigkeit schließt. Erinnere dich an Rudi Carrells Spruch: „Wenn du ein As aus dem Ärmel zaubern möchtest, musst du dir vorher eins reinstecken!“ Deshalb zeige ich dir jetzt, wie du deine eigenen Asse erstellen kannst.

Anleitung für mehr Schlagfertigkeit

Hier geht es um konkrete Situationen, in denen es dir immer wieder an Schlagfertigkeit mangelt. Oft sind das eher unangenehme Situationen, so gibt es vielleicht einen Kollegen, der häufig dumme Bemerkungen macht, es können aber auch ganz banale sein. Schreib dir die Situationen auf, mache dir Notizen, was genau passiert ist:

- Was hat jemand zu dir gesagt? Wie hat sich jemand dir gegenüber verhalten?
- Was ging in dem Moment auf deiner inneren Verarbeitungsebene vor?
- Gab es einen Konflikt, weil du nicht wusstest, was du sagen solltest?
- Wusstest du vielleicht schon, was du sagen wolltest, hast dich aber nicht getraut, es auch zu sagen?

Versuche, so viel wie möglich über die jeweilige Situation herauszufinden. Mit Sicherheit gibt es weitaus mehr als nur eine Situation, doch insgesamt werden es vermutlich nicht mehr als zehn unterschiedliche Strukturen sein. Wahrscheinlich sogar weniger. Mit Strukturen meine ich das, was genau dein Verhalten lenkt. Zum Beispiel, dass du Angst davor hast, was dein Gegenüber von dir halten könnte. Und das limitiert dich. Diese Struktur taucht dann an vielen Stellen auf, ist also mit den unterschiedlichsten Inhalten gefüllt.

Nun schau genau hin: Was hast du bei dir beobachten können, und was möchtest du in Zukunft anstelle dessen bei dir beobachten? Tappe nicht in die Falle, dass du nicht weißt, wie du dich verändern kannst. Denke an den Kamillentee: Halte dir das fertige Ergebnis vor Augen, dann fange an zu üben. Denn über Fachwissen und Routine kommt schließlich die Selbsterlaubnis. Und hierher kannst du dir viele Asse in deinen Ärmeln zurechtlegen.

Ein eher harmloses Beispiel: Sandra erlebte sich immer wieder als schüchtern, wenn ihr an der Kasse zur Verabschiedung ein schöner Tag gewünscht wurde. Sie stotterte dann ein Danke und fühlte sich aber komisch, weil ihr das eigentlich nicht reichte. Sollte sie auch einen schönen Tag wünschen? Oder gar mehr? Zum Beispiel noch eine schöne Woche? Man kannte sich doch gar nicht. In unserer Zusammenarbeit legte sie sich schließlich die Worte „Danke, Ihnen auch!“ zurecht. Das passt fast immer und sie war an dieser Stelle mit sich zufrieden.

Komplizierter war es bei Karl-Heinz: Sein Nachbar Paul hatte eine unmögliche Art, mit anderen Menschen umzugehen. Er beschimpfte sie auf eine unterschwellige Art, grüßte gerne mit den Worten „Na, du alte Keife“ und umgab sich mit Menschen, die er ausnutzen konnte. Karl-Heinz suchte nach einer Möglichkeit, sich emotional von seinem Nachbarn abzugrenzen. Er tat sich schwer, einen Zugang zu Paul zu finden – mehrere gut gemeinte Gespräche waren gescheitert. Wie so oft galt auch hier: Begib dich nicht auf das Niveau eines Idioten, denn er ist geübt in dem, was auch immer ihn zum Idioten macht. Würde Karl-Heinz anfangen, mit Paul über die Art und die Inhalte seiner Kommunikation zu sprechen, würde Paul nur in seinem alten Mustern bleiben. Und dort ist er Profi.

> Begegne dummen Sprüchen mit Humor – das funktioniert immer.

Karl-Heinz hat die Idee übernommen, welche im Folgenden dargestellt wird. Die beiden sind dadurch keine Freunde geworden – doch Karl-Heinz kann Paul seither mit größerer Leichtigkeit begegnen.

Schlagfertigkeit, die fast immer passt

Es gibt eine Technik, die du in fast alle unangenehmen Situationen anwenden kannst. Sie ist eine Struktur und bezieht sich nicht auf einen bestimmten Inhalt – ist also quasi universell einsetzbar.

Du könntest in Zukunft das, was dein Gegenüber dir anbietet, 1:1 aufnehmen und mit verstellter Stimme nachmachen.

Nehmen wir noch einmal den Satz: „Kannst du mal aufhören, hier so blöd rumzupfeifen?“ Wiederhole einfach das Gesagte mit einem lustigen Unterton: „Kannste mal aufhören, hier so blöd rumzupfeifen?“ Du darfst dabei ein kleines Lächeln auf den Lippen haben, um nicht zu sehr zu provozieren. Deinem Konter kannst du noch ein Sahnehäubchen aufsetzen, wenn du dabei mit den Armen wedelst und mit dem Kopf wackelst. Denn: Humor ist immer noch die beste Medizin gegen den Ernst dieser Welt!

Video 48: Schlagfertigkeit für die Hosentasche
www.Schlagfertigkeit.10einfacheSchritte.de

Motivation und Konzentration in der Ausbildung

Gerade wenn es um Ausbildung geht, erlebe ich bei vielen Menschen Motivations- oder Konzentrationsprobleme. Oder beides zusammen. Hier gehe ich wieder nach meinem bekannten Schema vor: Nicht weil jemand eine Konzentrationsstörung hat, kann er sich nicht konzentrieren. Sondern weil jemand in verschiedenen Situationen eine mangelnde Konzentration erlebt, schreibt er sich diese Störung zu. Meist gibt es gute Gründe dafür, dass die Konzentration ausbleibt, und diese sind in den Griff zu bekommen. Das Gleiche sehe ich in Bezug auf die Motivation.

Ziele bringen Motivation

Fragt man den klassischen BWL-Studenten, *wozu* er Betriebswirtschaftslehre studiert, bekommt man zumeist die Antwort: des Studierens wegen. Die meisten studieren nicht BWL, weil sie ein konkretes Berufsziel haben, für das sie das Studium brauchen, sondern sie haben das Fach gewählt, einfach um zu studieren und weil ihnen kein besserer Studiengang einfiel. Man könnte von BWL-Studenten als Voraussetzung für die Aufnahme einen kurzen Aufsatz verlangen mit dem Inhalt: Wozu möchtest du das studieren? Mit dieser kleinen Vorarbeit würden viel mehr Studenten bewusster ins Studium gehen und entsprechend weniger würden ihr Studium abbrechen.

Ziele bringen dich in Bewegung, sie motivieren dich. *Motivation* kommt vom lateinischen *movere* und bedeutet schlichtweg „in Bewegung setzen". Bedenke in diesem Zusammenhang Folgendes: Wir verändern uns aufgrund großer Schmerzen oder großer Ziele. Und Bewegung ist Veränderung.

Ich lerne immer wieder Menschen kennen, die nur unter dem Druck der kurz bevorstehenden Prüfung gut lernen können. Wirklich glücklich sind damit aber nur die wenigsten. Dieser Druck ist gleichzusetzen mit dem Begriff Schmerz. Schmerz ist unangenehm, und Druck erzeugt erst einmal Gegendruck beziehungsweise Widerstand. Für mich ist es sinnvoller, unter dem Aspekt des *Zugs* zu arbeiten – ich kenne meine Ziele, weiß, wofür ich lerne, und fühle mich vom nächsten Meilenstein *angezogen* – dabei geht das Lernen wie von selbst.

Lass dich von deinen Zielen anziehen – dann geht das Lernen wie von selbst.

Nehmen wir die Denkmuster weit vor der Prüfung und kurz davor unter die Lupe. Liegt die Prüfung noch in weiter Ferne, sage ich zu mir selbst: „Wenn ich jetzt anfange zu lernen, habe ich bei der Prüfung doch eh wieder fast alles vergessen. Ich habe noch genug Zeit." Und wenn die Prüfung in greifbare Nähe rückt, heißt es: „Wenn ich jetzt nicht anfange zu lernen, werde ich die Prüfung auf keinen Fall schaffen!“ Na, frohes Lernen. Findest du es nicht auch viel sinnvoller, zum frühen Zeitpunkt Folgendes zu denken: „Die nächste Prüfung ist ein wichtiger Meilenstein auf dem Weg zu meinem Abschluss, damit ich den Job XY machen kann. Ich fange so früh wie möglich an, mich darauf vorzubereiten. Das gibt mir Sicherheit und ein gutes Bauchgefühl. Und selbst wenn es am Ende im ersten Anlauf doch nicht klappen sollte: Ich habe mein Bestes gegeben!“

Werde dir bewusst, wozu du Dinge eigentlich tust. Das betrifft nicht nur den Bereich der Ausbildung, sondern eigentlich alles. Du schlurfst im Moment ohne Ziele und Missionen durch dein Leben? Du hast einen Job, der dir keine Freude bereitet? Wozu sollte dir dein Körper morgens Energie geben, um das Bett zu verlassen?

Lies hierzu auch noch einmal das Kapitel „Warum Ziele für dich so wichtig sind“. Wenn du dir immer wieder vor Augen führst, wozu du bestimmte Dinge eigentlich machst, wirst du mit sehr viel mehr Energie durch den Tag gehen können!

Wenn schon Perfektionismus, dann richtig

Im Kapitel „Die Wenn-dann-Falle“ geht es unter anderem um Perfektionismus, der eigentlich recht nützlich ist – denn in vielen Situationen ist es höchst sinnvoll, Dinge zu 100 Prozent zu machen.

Bei den meisten Menschen erlebe ich den Perfektionismus nicht als festen Bestandteil des Charakters, sondern als eine Strategie: Wenn ich nicht weiß, wann ich 100 Prozent erreicht habe, muss ich so viel wie nur irgendwie möglich machen, um zumindest in die Nähe der 100 Prozent zu kommen. Und dann werde ich schnell viel zu viel machen, die Orientierung verlieren und vor allem nicht mehr effektiv sein, also das Richtige machen. Dieses „Viel zu viel“, ohne die Ziele wirklich zu erreichen, erleben die Menschen dann als ungünstigen Perfektionismus. Dieses Konstrukt spielt im Lernbereich eine enorme Rolle.

> Definiere die 100 Prozent Soll. Dann kannst du dich auf das Wesentliche konzentrieren.

Finde heraus, welche Anforderungen genau an dich gestellt werden. Verschaffe dir frühzeitig einen Überblick über den gesamten Lernstoff. Sprich mit Gleichgesinnten, welche Strategien diese nutzen. Tausche dich mit Menschen aus, die das bereits geschafft haben, was du noch vor dir hast. Nur wenn du die 100 Prozent Soll definieren kannst, hast du auch die Möglichkeit, dein Bestreben auf 90 Prozent oder 80 Prozent festzulegen – was oft schon ausreichend ist. Konzentriere dich auf das Wesentliche! Und je näher du diesem Ziel kommst, die 100 Prozent zu definieren, desto sicherer wirst du dich auch auf deinem Zielweg des Lernens fühlen.

Du kannst dir das auch mit folgendem Satz einprägen: „Too much is never enough."

Video 49: Perfektionismus – und wo das eigentliche Problem darin liegt
www.Perfektionismus.10einfacheSchritte.de

Konzentration braucht einen klaren Fokus

Vor einiger Zeit lernte ich Annie kennen. Sie war selbstständig und hatte mit ihren drei Töchtern ein stressiges Leben – und suchte händeringend nach mehr Entspannung in ihrem Alltag. Sie hatte nachts Panikattacken, eindeutige Stresssymptome. Eine körperliche Abklärung war nicht nötig, denn während eines Urlaubs auf Mallorca waren die Beschwerden wie weggeblasen. Annie hatte bereits angefangen zu meditieren, was ihr dabei helfen sollte, zumindest in einem kleinen Zeitfenster „nichts mehr denken zu müssen". Sie übte täglich, doch der Erfolg ließ auf sich warten. Im Gegenteil: Sie konnte zwar beobachten, dass ihr Geist während einer Meditation mit weniger Gedanken gefüllt war – doch immer wieder riss sie eine Flutwelle an Gedanken aus ihrer Entspannung heraus. Sie konnte sich das nicht erklären und wollte schon fast aufgeben.

Annie hatte einen Denkfehler eingebaut: Mediation ist am Anfang eben nicht der Zustand, in welchem ich nichts denke, sondern in dem ich einen Gedanken so groß mache, dass alle anderen Gedanken keine Rolle mehr spielen. Ein bewusster Gedanke, den ich in meinem Kopf groß mache, verdrängt andere Gedanken, die ich in dem Moment nicht denken möchte.

Dieses Beispiel nutze ich gerne, wenn es um das Thema der Konzentration geht. Denn viele Klienten stellen sich die Frage, was genau sie falsch machen, wenn der innere Fokus auf so vielen Gedanken liegt, dabei aber das Wesentliche außer Acht bleibt. Unkonzentriertheit resultiert nicht daraus, dass ich unerwünschte Gedanken groß mache. Sondern dass ich den gewünschten Gedanken noch nicht groß gemacht habe. Und wenn ich versuche, nichts zu denken oder einen Gedanken nicht bewusst denke, geht mein Geist eben zu dem, was ihn gerade so beschäftigt. Das kann das Youtube-Video vom Vormittag sein, der nervende Anruf vom Kollegen oder was ein Mitschüler zu mir gesagt hat.

Um das Maß an Konzentration zu erhöhen, schlage ich also vor, sich bewusst zu fokussieren – und dem Kopf dabei gute Gründe zu liefern, wozu die Konzentration gerade sinnvoll ist! An vorderster Stelle steht für mich, wozu ich eine Aufgabe überhaupt erledigen möchte und die Konzentration benötige. Wozu möchte ich lernen? Um die Klausur zu bestehen. Wozu möchte ich die Klausur bestehen? Um das Studium zu schaffen. Wozu möchte ich das Studium schaffen? An genau dieser Stelle darf ein wirklich guter Grund kommen, am besten definiert nach den Ideen für gute Ziele. Kommt jedoch ein „Damit ich gute Chancen auf dem Arbeitsmarkt habe“, liefere ich meinem Kopf keinen Inhalt – und die Konzentration wird fern bleiben.

Es geht also nicht darum, eine mögliche Unkonzentriertheit zu bekämpfen. Sondern darum, dass ich lerne, mich auf das Wesentliche zu fokussieren, und meinem Kopf eine deutliche Einladung ausspreche, einen großen Teil meiner Energie in den vor mir stehenden Prozess zu schleusen.

Liebe, Partnerschaft und Erziehung

Das Konstrukt der Liebe ist facettenreich und in einigen Bereich noch unerklärlich. Ich betrachte es in meiner Arbeit eher nüchtern als Gefühl, das wiederum ein Feedback auf etwas Vorangegangenes ist. Wenn ich mich in jemanden verliebe, dann suche ich mir vorher nicht aus, in wen. Wenn das Gefühl der Verliebtheit nach etwa sechs Monaten sinkt, kann die *pragmatische Liebe* entstehen, ein Gefühl enger Vertrautheit. Und hier trifft man eher bewusst die Entscheidung, mit diesem Menschen nun auch eine Partnerschaft zu leben. Wenn Liebe auch ein Gefühl im Feedbackmechanismus ist, kann ich nicht über längere Zeit aus einer Liebe schöpfen, die irgendwann einmal entstanden ist. Sondern sie ist das Resultat dessen, was ich mit meinem Partner erlebe – im Außen und auf meiner inneren Verarbeitungsebene. Wenn du also ein Gefühl der Liebe aufrechterhalten möchtest, solltest du viele Dinge machen, die du tun würdest, wenn ein Gefühl der Liebe in dir stark vorhanden ist. Denk an das Löwenbild: Je nachdem, wie du dich verhältst, entsteht ein entsprechendes Gefühl oder wird ein Gefühl bestärkt. Möchtest du nach einer längeren Partnerschaft wieder ein Gefühl des Verliebtseins haben? Dann erlebe Dinge mit deinem Partner, die ihr erlebt habt, als ihr frisch verliebt wart.

Im Folgenden geht es um die wichtigsten Bereiche, die mit Liebe, Partnerschaft und Erziehung zusammenhängen und das Selbstwertgefühl beeinflussen:

- Wie finde ich den für mich passenden Partner?
- Ist der Partner, den ich bereits habe, der richtige für meine Zukunft?
- Wie kann ich verhindern, so zu werden wie meine Eltern?

Den passenden Partner finden

Bei der Suche nach dem passenden Partner tun sich die Menschen häufig schwer. Noch vor einigen Jahrzehnten war das wesentlich einfacher: Man lebte in seinem Dorf oder Stadtteil und hatte vielleicht ein Dutzend potenzieller Partner zur Auswahl. Da, wo es halbwegs passte, machte man einen Deckel drauf und heiratete. Die entstehende Unzufriedenheit wurde dann mit reichlich Alkohol betäubt.

Heutzutage leben wir in einer Welt, in der mehr Menschen für uns erreichbar sind, als wir zählen können. Menschen auf der Suche nach einem Partner brauchen daher Strategien, wie sie zu ihrem Ziel kommen. Partnerbörsen im Internet wenden häufig Matchingverfahren an, sie ermitteln also per Algorithmus mögliche Partner, die zu dem Persönlichkeitsprofil des Suchenden passen. Das kann passen, muss aber nicht. Ratgeber zum Thema Partnersuche geben zahlreiche Tipps, die sich aber meist um praktische Aspekte drehen, zum Beispiel wo man einen Partner findet.

Wie finde ich einen passenden Partner, der auch meinem Selbstwertgefühl guttut?

Ich erarbeitete dieses Thema lieber auf zwei anderen Wegen:

1. Frauen sind es gewohnt, dass sie von Männern angesprochen werden. Die meisten Männer trauen sich allerdings nicht, Frauen anzusprechen – die Furcht vor Zurückweisung ist zu groß. Meine Empfehlung lautet: Sprich einen Menschen, den du interessant findest, nicht an, damit er dein nächster Beziehungs- oder sogar Ehepartner wird. Sondern sprich ihn an, um ein nettes Gespräch zu führen. Wenn du einen Korb bekommst, hast du mit diesem Menschen eben kein nettes Gespräch gehabt.
2. Meistens beschäftigen sich Frauen mit der Frage, wie sie ihren Traummann finden können, sind gedanklich aber noch an einen anderen Menschen gebunden. Sie haben quasi ein *Besetztzeichen* auf der Stirn stehen – und Menschen mit einem Besetztzeichen auf der Stirn spricht man einfach nicht gerne an. Mein Rat lautet: Kümmere dich darum, wie du den Menschen loslassen kannst, der dich geistig blockiert – und nicht, wie du den Richtigen finden kannst. Bist du gedanklich frei, schreitest du auch mit einem anderen Blick auf Männer durch diese Welt.

Ist der Stein erst einmal ins Rollen gebracht, geht es einen Schritt weiter: Welcher Mensch passt gut zu mir? In diesem Buch geht es immer wieder um *Ziele,* und darum, dass das Ziel im Vordergrund steht und nicht der Weg dorthin. Ich kenne meine Ausgangssituation und weiß, dass ich hier wegmöchte. Ich nehme mein Ziel in den Blick, dann tun sich die Wege dorthin von alleine auf.

Begegnest du einem potenziellen Partner, braucht ihr beide eine gemeinsame Zielausrichtung! Du möchtest gerne Kinder haben, dein Gegenüber nicht? Du würdest gerne heiraten, dein potenzieller Partner lehnt Heiraten grundsätzlich ab? Dieser Mensch passt nicht zu dir – zieh weiter und nutze die drei mächtigsten Worte, die du in dieser Situation sagen kannst: „Der Nächste, bitte!“

‚Gemeinsame‘ Ziele sind unabdingbar für eine funktionierende Partnerschaft.

Werde dir also bewusst darüber, wie du in einer Partnerschaft leben möchtest. Was du mit einem Partner in deinem Leben erreichen möchtest. Wenn du eine Frau bist, dann kannst du davon ausgehen, dass du dich eher in das Potenzial eines Mannes verliebst als in seinen Ist-Zustand.

Du hast einen Menschen kennengelernt, der eigentlich gut zu dir passt, der deine Liebe aber nicht erwidert? Das ist eine ähnliche Situation, die wir auch in Eltern-Kind-Beziehungen finden können. Wenn wir wieder und wieder versuchen, uns die Liebe eines anderen Menschen oder eben unserer Eltern zu verdienen – und dabei ständig gegen eine Wand rennen. Liebe kann man sich nicht verdienen, man kann sie nur geschenkt bekommen. Der vergebliche Versuch, geliebt zu werden, führt zu einem geringen Selbstwertgefühl.

Du darfst also aufhören, einem Menschen hinterherzurennen, der dich nicht liebt. Es ist seine Entscheidung, dir seine Liebe in dem Moment nicht zu schenken, und darin kannst du ihn nicht beeinflussen. Wie ich schon sagte: Darauf zu warten, zurückgeliebt zu werden, ist wie an einem Flughafen zu warten. Auf ein Schiff. Es wird nicht kommen.

Den Partner infrage stellen

Du lebst in einer Partnerschaft und fragst dich, ob dein Partner wirklich der richtige ist? Diese Frage kannst du erst einmal entspannt betrachten, denn sie ist Teil des normalen Denkens: Sobald ich in einer festen Beziehung bin, fragt sich mein Kopf automatisch, ob ein anderer Partner nicht besser wäre. Oder Single zu ein. Genauso wie im Restaurant, wo du dein Lieblingsessen bestellt hast, doch das Gericht auf dem Nachbarteller irgendwie immer besser aussieht.

Du bist schon eine Grübelstufe weiter und die Gedanken werden schon fast quälend? Auch hier gibt es einige Tipps:

Ist zu zweit besser als alleine?

Mache dir bewusst, dass das menschliche Gehirn dramatisch denkt. Wann immer du dir im Könnte-Modus Gedanken über deine Zukunft machst, wird dein Gehirn dir Worst-Case-Bilder anbieten. Es sei denn, du denkst über Partnerschaft nach! Bei meinen Klienten erlebe ich immer wieder folgende Denkmuster: „Menschen können sich ja ändern. Vielleicht verändert sich mein Partner auch, und dann wird es wieder besser!“ Diese Art zu denken scheint eine Schutzfunktion unseres Gehirns zu sein – in der Entstehungsgeschichte des Menschen war der Schutz einer Partnerschaft wichtiger als die Qualität des Partners. Quasi lieber ein kaputtes Handy als gar keins. Doch heute ist das nicht mehr sinnvoll.

Du möchtest dich nicht trennen, weil du dann allein wärst? Dann frage dich: Bist du denn jetzt, mit deinem Partner, das Gegenteil von allein? Und wärst du wirklich allein, wenn du dich trennen würdest?

Veränderung lässt sich nicht erzwingen

Betrachte deine Beziehung einmal als Puzzle: Passt ihr beide als Puzzleteile gut zusammen? Vielleicht war es früher einmal so, doch wie ist es heute? Es hat keinen Sinn, an sich selbst herumzuschneiden, nur damit zwei Teile irgendwie zusammenpassen – das neue Bild würde nicht mehr richtig aussehen.

Oder du möchtest deinen Partner verändern, sodass er besser zu dir und deinen Zielen passt? Quasi zu einem passenden Puzzleteil zurechtschneiden? Da gibt es ein schönes Gimmick für Kinder: intelligente Knete. Das ist eine Masse, die auf Druck reagiert. Ich kann sie zu einer Kugel formen und fest auf den Boden schleudern – sie springt wie ein Flummi davon. Sie zersplittert sogar, wenn ich mit einem Hammer draufschlage. Lasse ich sie hingegen in Ruhe, zerfließt sie. Menschen sind genauso wie diese Knete: Gebe ich Druck in das System, verhärtet es. Gehst du also mit einem Veränderungsdruck auf deinen Partner zu, wird er mit Gegendruck reagieren.

Ich werde bestimmt nicht wie meine Eltern

Jeder hat das wahrscheinlich schon einmal gesagt, wirklich geschafft haben es die wenigsten. Wie kommt das? Es ist wie beim Motorradfahren. Wenn ich im Rettungsdienst mal wieder einen Motorradfahrer aus der Leitplanke herausgeholt habe, habe ich mich häufig gefragt, wie das kam, warum er in der Kurve einfach geradeaus weiter gefahren ist. Ein Klient klärte mich dann einmal auf: Der Motorradfahrer schaut aus Angst vor der Kurve, vielleicht weil er zu schnell unterwegs ist, geradeaus und fährt dann auch geradeaus. Die Energie folgt immer der Aufmerksamkeit. Das ist beim Skifahren genauso. Wenn ich langsam am Pistenrand fahre und mich nach hinten drehe, um zu schauen, ob ich die Piste frei ist, drehen sich meine Skier automatisch mit.

Wenn ich mir keine Gedanken über die Erziehung meiner Kinder mache, werde ich sie automatisch so erziehen, wie meine Eltern mich erzogen haben. Denn das war in meinem Leben mein größter Einfluss. Und genauso ist das mit meinen Verhaltens- und Denkmustern: Denke ich erst gar nicht groß über mich selbst nach, werde ich vermutlich genauso wie meine Eltern werden. Sage ich mir allerdings: „Ich möchte nicht so werden wie meine Eltern!", mache ich meine Eltern vor meinem inneren Auge groß. Und dann richte ich meine Energie darauf und orientiere mich unterbewusst daran.

Ich empfehle dir daher zu sagen: „Ich möchte nicht so werden wie meine Eltern, sondern ...!!“ Hier lässt du eine Definition folgen und setzt zwei Ausrufezeichen dahinter!

Solange du noch kein Ziel hast, wie du denn werden möchtest, kann sich deine Aufmerksamkeit auch nur auf das richten, was sowieso schon da ist. Und das sind dann im Zweifel deine eigenen Eltern.

Video 50: Wie du es schaffen kannst, nicht in alte Verhaltensmuster zu fallen

www.Verhalten.10einfacheSchritte.de

Was denken andere über mich?

Du machst dir häufig Gedanken darüber, was jemand über dich denkt? Das sind limitierende Gedanken, denn in der Regel schränken sie dich in deinem Handeln ein. Du machst etwas nicht, was du aber gerne machen würdest, die Folge ist ein schlechtes Selbstwertgefühl.

Meistens machen wir uns diese Gedanken im Könnte-Modus, denken also darüber nach, was jemand über uns denken könnte. Und im Könnte-Modus wird uns unser Gehirn immer wieder Worst-Case-Szenarien anbieten. Darüber hinaus hast du in deine eigenen Gedanken immer noch das größte Vertrauen – auch wenn du dir Gedanken darüber machst, was jemand über dich denken könnte. Was kannst du tun, um das zu verändern?

Werde dir bewusst, dass andere Menschen nicht so denken wie du. Dafür gibt es ein schönes Beispiel: Wenn du alleine bist, tust du bestimmte Dinge, die du nicht tun würdest, wenn jemand dabei wäre und dir zuschauen würde. Es wäre dir *peinlich*. Dabei unterstellst du dem anderen unbewusst, dass er es ebenfalls peinlich finden würde. Du überträgst quasi dein „Was-ist-peinlich"-System auf den anderen, ohne dass du dir sicher sein kannst, dass er genauso denkt wie du. Und tatsächlich denkt kein Mensch genauso wie du! Es gibt natürlich Sachen, über die ein allgemeiner Konsens besteht, was peinlich und nicht peinlich oder richtig und falsch ist. Darum geht es nicht. Sondern es geht darum, dass du dir Gedanken darüber machst, was jemand über dich denken könnte, ohne es zu wissen.

Fragen, statt zu spekulieren

Du könntest also dein Gegenüber einfach mal fragen, wie es über dich oder mögliche Verhaltensweisen denkt. Das kann dir unter Umständen helfen, wenn es um konkrete Situationen geht. Du kannst die Situation für dich auch noch entschärfen, wenn du im Konjunktiv bleibst: „Guten Tag Herr Chef, ich stehe im Moment unter einem enormen Zeitdruck. Wie würden Sie über mich denken, wenn ich Sie fragen würde, ob ich einen kleinen Zeitaufschub gewährt bekomme?" Du hast ja noch keinen Aufschub eingefordert, sondern dich erst einmal nur vorangetastet, wie dein Chef die Situation sieht. Vielleicht sagt er, dass ein zeitlicher Aufschub nicht möglich ist. Oder du bekommst mehr Zeit. Vor allem passiert eines: Du kannst anfangen, dir zielorientierter Gedanken zu machen!

Wir dürfen uns auch fragen, was es uns überhaupt bringen würde, genau zu wissen, was jemand über uns denkt. Theoretisch könnte dein Gegenüber dich ja auch anlügen, wenn du ihn danach fragst, und du würdest die Wahrheit nie herausfinden. Darüber hinaus kannst du niemals zu 100 Prozent kontrollieren oder beeinflussen, was jemand über dich denkt. Und wenn du nicht die volle Kontrolle hast, hast du gar keine Kontrolle. Wir können uns also von dem Gedanken verabschieden, es sei sinnvoll, zu wissen, was jemand von dir denkt.

Was sollen andere über mich denken?

Denn schließlich geht es auch gar nicht darum, was jemand über dich denkt, sondern was du denkst, dass jemand über dich denken könnte. Nicht weil etwas existiert, stört es, sondern weil du darüber nachdenkst. Deshalb gebe ich dir jetzt den Tipp, der bislang bei meinen Klienten am besten funktioniert hat: Wenn du dir keine Gedanken mehr darüber machen möchtest, was jemand über dich denken könnte, dann mach dir Gedanken darüber, was jemand über dich denken *soll*.

Verfalle dabei nicht in einen Bettelmodus im Sinne von „Die anderen *sollen nur das Beste* von mir denken!" Sondern füge eine Prise Humor in die Gedanken ein. Du stehst im Büro und verschüttest etwas Kaffee auf deinen Blazer? Früher hast du vielleicht gedacht „Boah, wie peinlich!" und wurdest sofort rot. In Zukunft nimmst du einfach ein Taschentuch, tupfst die Stelle trocken und machst weiter im Programm. Und dabei darfst du dir denken: „Die anderen finden meine lockere Art, gelassen mit dem kleinen Malheur umzugehen, bestimmt beeindruckend."

> Begegne einem störenden Gedanken mit Gelassenheit – und lege ihn dann zur Seite.

Das soll vor allem dazu dienen, dass du dir über das vorher Geschehene keine Gedanken mehr zu machen brauchst. Früher hast du vielleicht noch am Abend darüber gegrübelt, wie deine Kollegen über dich denken. Mit dem Vorgehen aus dem Beispiel wirst du schnell lernen, solche störenden Gedanken erst gar nicht mehr zu aufkommen zu lassen. Du wirst in Zukunft solche Gedanken mit Leichtigkeit zur Seite legen und dich wieder auf das Wesentliche konzentrieren können.

Redeangst

Kennst du das mulmige Gefühl, wenn du in einer Vorstellungsrunde anderen Menschen etwas über dich erzählen sollst? Oder wenn du einen Vortrag halten sollst und dein Puls schneller wird und du Angst hast, deine Stimme könnte versagen?

Zum Thema Redeangst möchte ich dir zwei Klienten vorstellen, die dir einen neuen Blick auf das Thema geben werden.

Das Publikum könnte mich ausbuhen

Von David habe ich bereits in Kapitel 3 erzählt. Er war Vorstandsassistent in einem größeren Unternehmen. Als ein Vortrag bevorstand, sprach er über seine Redeangst.

„Ich habe die Befürchtung, ich könnte zu schnell oder zu langsam sprechen. Ich könnte auch während des Vortrags anfangen zu stottern oder spreche nicht mehr deutlich. Ich habe auch Angst davor, dass ich plötzlich einen Blackout habe und gar nichts mehr weiß.“

Ich fragte ihn, wie er diese Situation vor seinem inneren Auge wahrnimmt:

„Ich sehe mich selbst auf der Bühne und schaue in die erbosten Gesichter der Zuhörer. Ich kann dabei schon hören, wie sie mich ausbuhen.“

Auf Davids innerer Verarbeitungsebene waren Inhalte präsent, die mit einer Angstreaktion seines Körpers einhergehen mussten. In einem solchen Fall ist es sinnvoll, den Vortrag immer und immer wieder zu üben. Damit werden die alten Bilder und Denkstrukturen der inneren Verarbeitungsebene mit gewünschten und zielorientierten Inhalten überlagert. Wir haben im Gespräch schnell herausgefunden, weshalb David seine Denkmuster noch nicht verändern konnte: Er wusste noch gar nicht, was er eigentlich vortragen würde. Daher trug ich ihm auf, genau diese Inhalte, also den Text,

> Übung lässt dich besser werden – auch wenn es um Reden und Vorträge geht.

den er vortragen sollte, zu besorgen. Nachdem er eine Woche später mit seinem Vortragstext in die Praxis kam, haben wir damit gearbeitet. Wir haben zum Beispiel geprobt, den Text stotternd vorzutragen – eine seiner Befürchtungen. Dabei hat er schnell gemerkt, dass er sich schon ziemlich anstrengen musste, um wirklich zu stottern. An seiner Aussprache und Flüssigkeit des Vortrags musste er auch nicht mehr viel verbessern.

Dann haben wir Davids gegenwärtige Gedanken in Bezug auf den Vortrag noch weiter verändert: Er darf sich vorstellen, wie er in aufrechter Körperhaltung und mit sicherem Gang auf die Bühne geht und bereits den Applaus der Zuhörer hört. Wie er während des Vortrags in viele interessierte Gesichter blickt. Dass nach dem Vortrag Rückfragen aus dem Publikum kommen, die er alle zur Zufriedenheit seiner Zuhörer beantworten kann. Als es soweit war, hielt David den Vortrag mit Bravour und erntete viel Beifall.

Bedenke, dass noch kein Mensch als guter Redner auf die Welt gekommen ist. Es ist die Übung, die dich in einer Sache besser werden lässt – auch wenn es um Reden und Vorträge geht.

Vorstellungsrunde

Stell dir vor, du sitzt in einer größeren Gruppe, und jeder soll sich kurz vorstellen. Je näher die Sprecherrolle heranrückt, desto aufgeregter wirst du. Das hat fast jeder schon einmal erlebt. In vielen Fällen ist klar, woher die Unsicherheit kommt: Sie entsteht in dir selbst. Indem du dir selbst auf der auditiven Denkebene sagst, dass die anderen sowieso kein Interesse an deiner Person haben. Dass du zu viel oder zu wenig von dir erzählen könntest. Oder dass du dich mit deiner Selbstbeschreibung fast schon eitel über die anderen stellen könntest.

Was kannst du in Zukunft tun, um dich in solchen Momenten sicherer zu fühlen? Schauen wir uns noch einmal das Beispiel von David an: In seinem Kopf befand sich in Bezug auf den Vortragstext eine weiße Fläche, da ja noch kein Text existierte. Also konnte Davids Kopf im Könnte-Modus die Worst-Case-Szenarien generieren. In dem Moment, als David seinen Text kannte und lernte, legte er gewünschte Zielbilder über die unerwünschten gedanklichen Inhalte. Das darfst du für dich nutzen: Wenn du weißt, dass du dich in einer bestimmten Situation jemandem vorstellen sollst, dann überlege frühzeitig, was und wie du etwas über dich erzählen möchtest. Lerne deine Selbstbeschreibung auswendig und probe sie gelegentlich, und du wirst ein sehr viel höheres Maß an Selbstsicherheit erleben.

Du kannst darüber hinaus auch eine Standarddefinition deiner selbst kreieren, die du in vielen Lebenslagen nutzen kannst. Wenn mich zum Beispiel jemand fragt, wie alt ich eigentlich bin, antworte ich häufig: „Ich bin in meinen besten Jahren, gut aussehend und unheimlich clever. Jetzt weißt du Bescheid!“ Das sage ich natürlich mit einem breiten Lächeln im Gesicht. Diesen Satz habe ich mir übrigens von „Karlsson vom Dach“ abgeschaut.

Wenn du dir erarbeitet hast, was du über dich sagen möchtest, besitzt du schon einmal eine gute Grundlage dafür, dich im Vorfeld der eigentlichen Situation immer wieder auf das gewünschte Ergebnis zu fokussieren.

Eine gewisse Aufregung wird trotz aller Vorbereitung kommen und ist eigentlich sogar gut, damit du konzentriert bleibst. Wenn dein Kopf vor deinem Vortrag wieder ins Rotieren kommt, dann sage dir selbst auf der auditiven Denkebene laut und deutlich: „Ich habe gleich nicht nur die Pflicht, etwas zu sagen, sondern auch das Recht dazu! Meine Zuhörer sind neugierig, etwas über mich zu erfahren. Und man wird mir genauso gespannt zuhören, wie ich das bisher bei den anderen gemacht habe.“

Rund ums Grübeln

Die Gedanken drehen sich im Kreis, du kommst aus dem Grübeln nicht mehr heraus. Es gibt einige Werkzeuge, die dir helfen werden, dies zu durchbrechen.

Wenn der Kopf Karussell fährt

Bestimmt hast du das selbst schon einmal gesagt: „Ich drehe mich im Kreis!" Ich mag es, wenn Menschen in Bildern mit mir sprechen. Wenn sich jemand im Kreis dreht, bewegt er sich, doch er kommt immer wieder da raus, wo er angefangen hat. Man kann es auch so sagen: Die Themen, mit denen du dich im Kreis drehst, kannst du nicht wirklich bearbeiten – weil die Aufgabe noch unlösbar ist, weil du keine Akzeptanzstrategie für eine Tatsache hast oder weil du ein Thema noch nicht weiter gedacht hast und somit nicht greifen kannst. Dadurch gehst du von Thema zu Thema und kommst irgendwann beim ersten wieder raus. Du hast dich einmal im Kreis gedreht und bist nicht von der Stelle gekommen.

Dazu kommt ein weiteres Problem: Mit der Zeit kennst du deine Themen immer besser und wirst immer schneller zum nächsten übergehen – dadurch nimmt dein Grübeln und Drehen an Geschwindigkeit zu, bis du irgendwann die Orientierung verlierst. Du drehst dich also nicht nur im Kreis und kommst nicht von der Stelle, sondern du verlierst auch noch die Übersicht.

Dabei finde ich die Kreisbewegung an sich erst mal nicht schlecht. Die Erde dreht sich den ganzen Tag im Kreis und kommt einmal pro Jahr an die Ausgangsposition zurück. Trotzdem ist es ganz nett hier – und größtenteils harmlos. Doch die Erde bewegt sich innerhalb eines Jahres auf einer elliptischen Umlaufbahn um die Sonne vorwärts; und nach aktueller Interpretation der schlauesten Physiker expandiert das Universum, es kommt also eine zusätzliche Bewegungsrichtung hinzu. Lass uns also eine neue Bewegungsrichtung in dein Grübeln bringen. Hierzu arbeite ich zumeist mit drei Möglichkeiten:

> Bringe eine neue Bewegungsrichtung in dein Grübeln.

1. Betrachte deine Themen als Baustellen. Worum geht es bei der jeweiligen Baustelle genau? Seit wann besteht sie? Was soll dastehen, wenn der Bau einmal abgeschlossen ist?

2. Es gibt Baustellen, bei denen lohnt es sich, eine Pause einzulegen. Kannst du gewisse Themen vielleicht eine Zeit lang ruhen lassen?
3. Bei manchen Baustellen lohnt es sich nicht, weiterzumachen. Sie wurden vielleicht begonnen, als sie einen Sinn hatten, doch nun sind sie sinnlos geworden. Wenn das der Fall ist, ist es vernünftiger, eine Baustelle auch einmal komplett stillzulegen.

Auf diese Weise kannst du deine Drehbewegung entschleunigen. Dadurch bekommst du eine bessere Orientierung, kannst dich auf das Wesentliche konzentrieren – und das wird dich vorwärts bringen.

Video 51: Das kannst du probieren, wenn deine Gedanken in Zukunft mal wieder Karussell fahren und du dich im Kreis drehst

www.Grübeln.10einfacheSchritte.de

Mach es dir nicht so bequem

Wir beginnen nicht unbedingt zu grübeln, weil wir wirklich ein Problem haben. Oft konzentrieren wir uns nicht auf bestimmte Gedanken und dadurch geht unser Fokus dorthin, wo unser Fokus halt gerade hingeht. Wenn wir dieses Phänomen allerdings zu ernst nehmen und ihm einen Krankheitswert zuschreiben, leiden wir unter dem Grübeln.

In solchen Fällen empfehle ich, wiederkehrendes Grübeln durch Verhaltensveränderungen zu beeinflussen. Wenn du zum Beispiel immer im Bett beim Einschlafen oder in der Nacht anfängst zu grübeln, konzentriere dich auf einen gewünschten Gedanken oder lenke dich mit einer anderen Aufgabe ab, die deinen Fokus füllt. Das Bett ist nur zum Schlafen da, und dein Gehirn soll das Bett nicht mit dem Grübeln verknüpfen. Geh im Ernstfall in den feuchten Keller, denn dort grübelt es sich deutlich unangenehmer als im mollig warmen Bett.

Tritt es in anderen Situationen auf, versuche dich einmal komplett ungewohnt zu verhalten: Stell deine Grübelstimme so um, dass sie sich wie die von Donald Duck oder Mickey Mouse anhört. Sing dir deine rotierenden Gedanken vor, anstatt sie dir mit deiner gewohnten Stimme zu erzählen. Und vor allem: Biete deinem Grübeln eine Bühne an. Anstatt die Gedanken wie üblich wegzuschieben, fokussiere dich einmal bewusst auf sie und versuche herauszufinden, was genau deinen Kopf gerade beschäftigt. Schreibe die Gedanken auf, so bekommst du sie leichter aus dem Kopf. Wenn die Gedanken wirklich unwichtig wären, würde dein Kopf sie vielleicht nicht denken.

Denke zielorientiert

In Kapitel 2 haben wir darüber gesprochen, dass unser Kopf auf dramatische Denkmuster programmiert ist. Einfach nur positiv denken funktioniert nicht, wenn diese Gedanken keinen konkreten Inhalt haben, also mit einem Ziel verbunden sind. Überprüfe daher beim Auftreten von Grübelgedanken immer wieder, ob du nicht schon über Ziele nachgedacht hast, welche dem Grübelinhalt beikommen. Falls das nicht der Fall ist, so setze zumindest ein klares Stopp-Signal: Sage in Gedanken laut *Stopp!* und frage dich: „Ist das, was ich gerade denke, mein Ziel?"

Lies dann noch einmal Kapitel 5 und kreiere ein entsprechendes Ziel. Dies wird das Grübeln zusätzlich in seine Grenzen verweisen.

Lass los!

Wir müssen viele Dinge loslassen – den Ex-Partner, den alten Job, die Qualität des deutschen Fernsehens. Doch häufig funktioniert das nicht. Dafür sehe ich einen klaren Grund: Solange wir noch nicht losgelassen haben, halten wir etwas fest. Und weil wir uns noch verkrampft festhalten, ist das Loslassen mit negativen oder nicht absehbaren Konsequenzen verbunden – zum Beispiel weil wir noch an etwas *hängen*. Stell dir vor, du hängst hoch oben in einer Kletterwand und du kommst nicht weiter. Der Trainer ruft dir von unten zu, dass du loslassen musst, um weiterzukommen. Solange du keinen nächsten Griff siehst, wirst du nicht freiwillig loslassen. Doch in dem Moment, wo du den rettenden Griff erkennst, wirst du nach ihm greifen – und damit automatisch losgelassen haben!

Wenn ich mit meinen Klienten über das Thema *Loslassen* spreche, lenke ich die Aufmerksamkeit auf das, wonach sie konkret greifen können! Wenn wir etwas Neues zum Greifen gefunden haben, lassen wir das Alte automatisch los.

„Versunkenen Kosten" nicht nachtrauern

Versunkene Kosten sind Kosten, die in der Vergangenheit entstanden sind und eine nicht mehr veränderliche Größe darstellen – wir können sie in ihrer Höhe nicht mehr beeinflussen. Die Amerikaner mussten irgendwann einsehen, dass der Vietnamkrieg nicht mehr zu gewinnen war. Doch vorher wurde noch erklärt, „wenn man jetzt das Land verlassen würde, wären die Soldaten bisher umsonst gestorben". Ungünstig. Denn die Soldaten sind doch schon tot. Da spielt es keine Rolle, ob ihr Tod sinnvoll war oder nicht.

Achte darauf, ob du in deinem Leben an Entscheidungen festhältst, weil du bereits eine gewisse Investition geleistet hast. Zum Beispiel: „Wenn ich jetzt den Studiengang wechsle, habe ich bisher vollkommen umsonst studiert." Vielleicht ist das alte Studium aber nicht das richtige für dich, und du würdest dich mit der neuen Ausrichtung glücklicher fühlen? Oder: „Wenn ich jetzt meinen Partner verlasse, dann werfe ich ja all die gemeinsamen Jahre einfach weg." Tust du nicht. Die Vergangenheit ist nicht mehr greifbar, und wir wollen auch nicht die Vergangenheit ändern, sondern die Zukunft.

Du zögerst, etwas zu ändern, in das du in der Vergangenheit viel Emotionen, Zeit, Geld oder Energie investiert hast? Dann überlege: Ist es aus heutiger Sicht sinnvoll, an dieser Entscheidung festzuhalten? Wenn nicht, dann lass los und fange neu an.

DAS WICHTIGSTE KOMPAKT

Umgang mit schwierigen Menschen

- Schreib mit, wenn du von einem Choleriker angebrüllt wirst.
- Filtere Kommunikation auf die wesentlichen Informationen.
- Mache dir bewusst, wie ernst du manchmal unreifes Verhalten nimmst.
- Stelle dir vor, dass dein Chef kleine gelbe Enten auf seiner Unterhose hat.

Schlagfertigkeit lernen

- Schlagfertig bist du vor allem dann, wenn du für bestimmte Situationen entsprechende Antworten oder Bemerkungen vorbereitet hast.
- Schlagfertigkeit, die fast immer passt: Äffe dein Gegenüber in Idiotensprache nach, wackle dabei mit dem Kopf und wedle mit den Händen.

Motivation und Konzentration in der Ausbildung

- Vermisst du Motivation in deinem Leben, dann überprüfe, wozu du etwas eigentlich machst. Ohne Ziele gibt es keinen Grund für Motivation.
- Finde heraus, wann du bei einer Sache 100 Prozent erreicht hast. „Too much is never enough!"
- Konzentration kommt vor allem dann, wenn du genau weißt, wofür du eine Sache machst.

Liebe, Partnerschaft und Erziehung

- Liebe ist kein Gefühl, welches aus dem Nichts kommt. Es ist ein Feedback auf das gemeinsame Verhalten mit deinem Partner.
- Fange erst an, den richtigen Partner finden zu wollen, wenn du dich von einem blockierenden Menschen gelöst hast.
- Liebe kann man sich nicht verdienen – man kann sie nur geschenkt bekommen.
- Passt ein Mensch, so wie er heute ist, zu deiner gewünschten Zukunft?
- Wenn du nicht so werden willst wie deine Eltern, wie denn dann?

Was denken andere über mich?

- Wenn du dir keine Gedanken mehr darüber machen möchtest, was jemand über dich denken könnte, dann mach dir Gedanken darüber, was jemand über dich denken soll.

Redeangst

- Beschäftige dich gedanklich mit dem Zielinhalt, wie du einen Vortrag hältst und alles gut geht.
- Lege dir einen konkreten Text bereit, wenn es um eine Selbstvorstellung geht.
- Sei dir bewusst, dass du häufig das Recht hast, etwas zu sagen.

Rund ums Grübeln

- Wenn deine Gedanken sich im Kreis drehen, dann kümmere dich einmal im Detail um die einzelnen Themen. Das nimmt Geschwindigkeit raus und bringt dich vorwärts.
- Positives Denken funktioniert nicht – denke zielorientiert.

Lass los!

- Greife nach Neuem, dann lässt du automatisch los.
- Ist es aus heutiger Sicht sinnvoll, an bestimmten Dingen festzuhalten?

9 GUTE ENTSCHEIDUNGEN TREFFEN

Die Kapitel 9 und 10 greifen die wichtigsten Inhalte der ersten acht Kapitel noch einmal auf. Doppelt hält besser. Dabei kann ich die Auswahl natürlich nicht daran festmachen, was die wichtigsten Punkte für dich sind, weil ich deine persönlichen Anliegen nicht kenne. Ich orientiere mich deshalb daran, was für meine Klienten in der Therapie im Vordergrund steht.

Video 52: Was dich in Schritt 9 erwartet
www.Schritt9.10einfacheSchritte.de

Wie du vernünftige Entscheidungen treffen kannst

Wir machen uns oft viele Gedanken über die Entscheidungen, die wir treffen. Dabei geht es häufig darum, ob wir im Begriff sind, eine falsche Entscheidung zu treffen. Dies haben wir im fünften Kapitel besprochen: Wie falsch müsste eine Entscheidung sein, damit wir sie tatsächlich nachhaltig bereuen? Jedes Handeln und jede Entscheidung zieht Konsequenzen nach sich. Doch dass ich etwas mache, was ich wirklich mein Leben lang bereue, ist doch höchst unwahrscheinlich. Vor allem wenn ich mir im Vorfeld ausgiebig Gedanken darüber mache. Daher finde ich den Begriff einer falschen Entscheidung unpassend. Sollten wir uns dann auf die Suche nach *richtigen*

Entscheidungen begeben? Ich denke, auch das ist nicht sinnvoll. Denn überlegen wir einmal: Was würde eine wirklich richtige Entscheidung ausmachen? Dass sie in allen Lebenslagen meiner Zukunft weiterhin richtig ist. Doch da jede Sache mindestens zwei Seiten hat, gibt es immer die Möglichkeit, dass Entscheidungen einerseits richtig, aber aus einer anderen Perspektive falsch sein können.

Die Perspektive ist entscheidend

Vor einiger Zeit habe ich einen Beitrag im Fernsehen gesehen, in dem es um eine Lebensmittelmesse ging. Eine Handvoll Leute wurde in einen großen weißen Raum geführt, der Raum wurde verschlossen und das weiße Licht wechselte in ein grelles Grün. Den Besuchern wurde Wein eingeschenkt und vorgetragen, dass dieser bekömmliche Weißwein nach frischen Beeren und angenehm süß schmeckt. Die Besucher probierten den Wein und bestätigten den Eindruck. Dann wurde das Licht in ein strahlendes Gelb umgeschaltet und erklärt, der gleiche Wein schmecke nun eher nach Zitrusfrüchten und rieche nach frischem Gras. Die Weinverkoster bejahten einstimmig. Anschließend wurde das Licht in ein tiefrotes Violett umgeschaltet und erklärt, der Wein habe nun Aromen von Eiche, Dörrpflaumen und dunkler Schokolade – und wieder bestätigten alle den betreffenden Geschmack. Als das normale Licht wieder angeschaltet wurde, sahen die Besucher, was sie eigentlich im Glas hatten: Es war ein Rosé.

Hatte man zunächst den Eindruck eines Weißweins, wechselt das Geschmackserlebnis hin zu einem Rotwein. Unser Geschmack wird jedoch in hohem Maße durch optische Einflüsse verändert – zum Beispiel durch das Licht der Umgebung.

Dieses Beispiel soll dir verdeutlichen, dass eine Sache an sich erst einmal ohne Bedeutung ist. So schmeckt auch ein Lebensmittel ganz anders, wenn die optischen Faktoren bewusst ausgeschaltet werden. Und genauso kommt es bei deinen Entscheidungen nicht auf die Sache an sich an, sondern darauf, aus welcher Perspektive du sie betrachtest. Daher kann keine Entscheidung wirklich *richtig* sein, sobald du sie aus mehr als nur einer Perspektive betrachtest. Und das solltest du natürlich tun, damit du keine waghalsigen oder naiven Entscheidungen triffst, getreu dem Motto: „Das wird schon gut gehen, ich konzentriere mich nur auf die Perspektive, in der es glatt läuft."

Das Ziel in den Blick nehmen

Was tun wir nun angesichts der vielen Möglichkeiten? Ich trenne Entscheidungen gerne in *vernünftige* und *unvernünftige* Entscheidungen. Um die Möglichkeiten entsprechend zu bewerten zu können, brauche ich mein Ziel, um das es in der Entscheidung geht. Kenne ich mein Ziel, kann ich mir die möglichen Zielwege genauer anschauen: Welche führen mich zu meinem Ziel, welche nicht? Welche Zielwege sind auch effizient, das heißt, erreiche mein Ziel am schnellsten oder mit dem geringsten Einsatz von Energie?

> Bringt die Entscheidung mich meinem Ziel näher oder nicht?

Achte in deinem Alltag darauf, auf welchen Grundlagen deine jeweiligen Entscheidungen beruhen. Wenn du meine Tipps beachtest, bist du auf dem besten Weg, viel mehr von dem zu tun, was du auch tun möchtest. Und weniger von dem, was du nicht machen willst. Und das erhöht dein Selbstwertgefühl deutlich.

Video 53: Wie du vernünftige Entscheidungen treffen kannst
www.Entscheidung.10einfacheSchritte.de

Raus aus der Lähmung

Du stehst vor einer Entscheidung, fühlst dich aber wie gelähmt und kommst überhaupt nicht voran? Das könnte daran liegen, dass beide Entscheidungsalternativen ungünstig sind.

Vor einigen Jahren habe ich Peter und seine Familie begleitet. Die Eltern führten ein Autohaus, Peter hatte vor einiger Zeit die Ausbildung zum Krankenpfleger begonnen. Kurz vor der Abschlussprüfung hatte er jedoch eine ernsthafte Symptomatik entwickelt, wodurch er die Prüfung nicht antreten konnte: Er zog sich immer mehr zurück und beschäftigte sich nur noch mit seinen Computerspielen. Den Kontakt zu seinen Freunden brach er ab und achtete kaum mehr auf seinen Hygienezustand. Die Eltern machten sich große Sorgen und vermuteten, dass die Ausbildung Peter überforderte.

Da Peter auch in der Sitzung recht zurückgezogen und introvertiert war, bot ich allen gemeinsam eine These an: Peter steckt in einer Zwickmühle. Er könnte die Ausbildung zum Krankenpfleger beenden, würde sich damit aber gegen den potenziellen Wunsch seiner Eltern stellen, später einmal in den elterlichen Betrieb zu wechseln. Und wenn Peter sich sofort für eine Ausbildung entschieden hätte, die ihn dazu befähigt hätte, später bei seinen Eltern einzusteigen, hätte er sich gegen seine eigenen Wünsche gestellt, nämlich in den medizinischen Bereich zu gehen.

Bingo. Das war der Moment, in dem Peter zum ersten Mal den Kopf hob und mich ansah. Die Eltern schauten umso verwunderter, hatten sie von ihrem Sohn doch niemals bewusst verlangt, in den Betrieb einzusteigen. Es ging aber darum, dass Peter diese Gedanken anscheinend längere Zeit mit sich herumgetragen hatte, ohne mit seinen Eltern offen darüber zu reden. Was war in seinem Kopf passiert?

Peter hatte zwei Alternativen: Entweder würde er sich gegen seine Eltern oder gegen sich selbst stellen. Doch wir stellen uns normalerweise nie einfach so gegen unsere Eltern. Wir bleiben eher ihnen treu als uns selbst. Und da Peter wusste, dass eigentlich beide Entscheidungen keine Alternativen für sein berufliches Leben darstellten, verweigerte sich sein Kopf und versetzte Peter in eine *Weder-noch*-Position. Er lenkte sich zusätzlich mit anderen Dingen massiv ab, um sich mit dieser *nicht entscheidbaren* Entscheidung nicht auseinandersetzen zu müssen.

In der folgenden Sitzung erarbeiteten wir mit einem sichtlich besser gestimmten Peter eine *Sowohl-als-auch*-Lösung: Die Eltern erzählten, wie sie überhaupt zu ihrem Autohaus gekommen waren. Eigentlich wollten beide etwas ganz anderes machen, als sich ihnen die Gelegenheit bot, vorübergehend das Autohaus zu führen – daraus wurden dann siebenundzwanzig Jahre. Ursprünglich wollten beide Elternteile tatsächlich mal etwas in Richtung Medizin machen. Mit diesem Wissen konnte Peter die Sprachinhalte in seinem Kopf verändern und sich erlauben, die Abschlussprüfung zum Krankenpfleger zu machen. Nun konnte er sich selbst treu bleiben und musste sich nicht mehr gegen seine Eltern stellen. Im Endeffekt ist Peter die Abschlussprüfung dann doch nicht angetreten. Er entschloss sich, seine Ängste vor einem Studium zu akzeptieren, und schrieb sich mutig für Medizin ein.

Es gibt oft mehr als zwei Alternativen

Dieses Beispiel soll dir Folgendes verdeutlichen: Wenn es um Entscheidungen geht, denken wir ganz häufig in *Entweder-oder*-Mustern. Entweder entscheide ich mich dafür oder dagegen. Ich kann entweder das eine oder das andere wählen. Aber gibt es vielleicht Zwischenlösungen? Kann ich vielleicht beides machen? Oder beides wählen?

Stell dir vor, du hast die Chance, einen Job zu bekommen, verlierst dich jedoch in deinen Ängsten, dass du etwas falsch machen könntest oder erst gar nicht weißt, wie etwas funktioniert. Oder dass du dich an einen Job binden könntest, der dir vielleicht doch keinen Spaß macht. Anstatt sofort zu- oder abzusagen, könntest du nach der Möglichkeit fragen, mal für einen Tag oder eine Woche auf Probe zu arbeiten. Oder ein Praktikum zu absolvieren. So könntest du den Job und die damit verbundenen Aufgaben kennenlernen und auf dieser Basis deine Entscheidung treffen.

Oder warum nimmst du dir nicht beides? Weil da eine Stimme in deinem Kopf ist, die sagt: „Ich kann mir ja nicht beides nehmen!" oder: „Was denken denn andere von mir, wenn ich mir jetzt einfach beides gönne?" Hast du schon einmal hinterfragt, was dann tatsächlich passieren würde? Hör auf zu sagen, dass du dir ja sonst nichts gönnst. Das ist eine vorgeschobene Entschuldigung, um einem Konflikt aus dem Weg zu gehen, in dem du deine Entscheidung rechtfertigen würdest. Sage in Zukunft mit Stolz und selbstsicher: „Ich gönne mir sonst auch immer alles!" Stell dir vor, du stehst an der Wursttheke und überlegst, ob du Fleischwurst oder Schinken nimmst. Du wurdest dazu erzogen, eher sparsam zu sein und vor allem nicht zu viel zu kaufen, um keine Lebensmittel wegwerfen zu müssen. Doch helfen dir diese Gedanken dabei, die Ziele von Sparsamkeit und unnötiger Müllproduktion zu erreichen? Zumal du im Zweifel das Geschäft mit einem Gefühl von Mangel verlässt, weil du dir mal wieder etwas nicht gönnen konntest, was du gerne gehabt hättest.

Es ist im Prinzip nicht so schwierig, deinem Anspruchsdenken an die Umwelt und deinem Genusszentrum gerecht zu werden: Du kaufst einfach Fleischwurst und Schinken, dafür aber nur jeweils die Hälfte.

Achte also in Zukunft darauf, ob du wirklich nur zwei Entscheidungsalternativen hast oder ob es da nicht noch mehr Möglichkeiten gibt. Über die du bisher einfach noch nicht nachgedacht hattest.

Video 54: Das kannst du in Zukunft versuchen, wenn du dich zwischen zwei Dingen nicht entscheiden kannst

www.Dilemma.10einfacheSchritte.de

Welches Umfeld passt zu deinen Zielen und deiner Zukunft?

Wir haben uns im Verlauf des Buches oft über deine innere Verarbeitungsebene unterhalten und dass die entscheidenden Dinge hier zu finden sind. Dabei ist natürlich nicht zu unterschätzen, woher viele dieser Bilder überhaupt kommen, nämlich aus deiner Umwelt. Entscheidest du dich für ein höheres Selbstwertgefühl, darfst du dich dazu entscheiden, dich mit anderen und neuen Denkinhalten zu beschäftigen. Neue Gedanken fühlen sich komisch oder seltsam an? Das ist meistens nur das *Ungewohnte*. Wenn in deiner Umwelt Faktoren lauern, die deinen Zielen entgegenstehen, kannst du noch so kämpfen – sie werden sich immer wieder auf deine innere Verarbeitungsebene übertragen.

In der Praxis kristallisieren sich immer wieder drei Bereiche heraus, auf die ich noch einmal gezielt eingehen möchte:

- Menschen, die dir nahestehen
- Menschen, die dich umgeben
- Strukturen in deiner Umwelt

Soll ich bei meinem Partner bleiben?

Eine gute Frage. Diese kann eigentlich nur aufkommen, wenn das dramatisch denkende Gehirn auf die Beziehung übergreift. Denn normalerweise malt es sich liebend gerne Worst-Case-Szenarien aus – nur nicht in Bezug auf Partnerschaften. Hier sagt deine innere Stimme eher, dass sich Menschen ja ändern können und dein Partner seine negativen Eigenschaften sicher ablegen wird.

Wenn du dir also ernsthaft die Frage stellst, ob du bei deinem Partner bleiben oder ihn verlassen sollst, werden bereits einige Dinge im Argen sein. Falls ihr euch wirklich mögt, aber im Alltag nicht gut miteinander zurechtkommt, schlage ich eine Paartherapie vor. Es ist natürlich ungewohnt, sein Privatleben vor einem Therapeuten auszupacken, er kann euch aber dabei helfen, wieder offen und transparent miteinander zu sprechen. Vielleicht werden deine

Regeln von deinem Partner nur deshalb so häufig gebrochen, weil er sie noch nicht verständlich erklärt bekommen hat. Und dass dein Partner nicht auf deine Wünsche eingeht, könnte daran liegen, dass du deine Wünsche bisher nicht klar geäußert, sondern sie über Vorwürfe kommuniziert hast.

Video 55: Sollst du dich trennen oder bei deinem Partner bleiben? Und wie geht es dann weiter?
www.Trennung.10einfacheSchritte.de

Neue Denkstrukturen ausprobieren

Sollte das für dich jedoch nicht mehr in Frage kommen, dann beschäftige dich damit, weshalb du dich noch nicht getrennt hast. Hast du vielleicht Angst davor, dass du nach einer Trennung allein sein könntest? Bist du denn jetzt das Gegenteil von allein? Und wärst du wirklich allein, wenn du dich trennen würdest? Achte auch auf deine innere Stimme, der du ja ein maximales Vertrauen entgegenbringst. Ist diese noch unsicher und stellt sich laufend Fragen? Tu doch mal so, als ob du bereits entschieden wärst und denk das dann auch so. Sprich anstatt in Fragen in Aussagen zu dir selbst. Probiere das nicht mit dem Ziel, dass hiernach definitiv die Trennung folgt. Sondern um erst einmal auszuprobieren, wie dein Kopf auf neue Denkstrukturen reagiert.

Der Realität ins Auge blicken

Darüber hinaus solltest du im Kopf behalten, dass sich vor allem Frauen häufig nicht in den Mann an sich, sondern in das Potenzial verlieben, das sie ihn ihm sehen. Möglicherweise blendet dein Gehirn immer wieder die schlechten und unangenehmen Aspekte deines Partners aus und spielt dir so ein verzogenes Bild der Realität vor. Versuche einmal, auf den aktuellen Ist-Zustand deines Partners zu blicken. Ist dieser Mensch, der dir heute gegenübersteht, der Partner, den du dir für dein weiteres Leben wünschst?

Ich erlebe auch immer wieder Klienten, die sich selbst einreden, dass der Partner ja nicht schlecht ist und es eigentlich keinen Grund gibt, sich zu trennen. Oft gibt es auch eine gemeinsame Wohnung, Kinder oder andere Verpflichtungen. Gibt es gute Gründe für eine Trennung, zum Beispiel Gewalt oder Betrug, fällt die Entscheidung oft leicht. Fehlen allerdings solche eindeutigen Gründe, tun sich die Leute schwer. Doch das Fehlen guter Gründe für eine Trennung sollte nicht die Grundlage dafür sein, mit einem Menschen zusammenzubleiben. Hast du keine guten Gründe, mit einem bestimmten Menschen wirklich zusammensein zu wollen, ist die Partnerschaft sinnlos.

Schließlich solltest du bedenken, ob eine *Entweder-oder-Entscheidung* die einzige Möglichkeit ist. Gibt es wirklich nur die Option, sich zu trennen oder zusammenzubleiben? Oder gibt es vielleicht andere Alternativen, zum Beispiel, dass du mal für drei Wochen alleine verreist? Oder dass ihr getrennte Betten einführt? Oder dass ihr eben über eine Paarberatung erfahrt, welche alternativen Muster zur Kommunikation eigentlich noch existieren?

Mit diesen Menschen darfst du dich umgeben

Du hast festgestellt, dass du auf viele Menschen in deiner näheren Umgebung eigentlich verzichten möchtest? Du hast das Gefühl, noch nicht die richtigen Freunde gefunden zu haben? Dann frage dich: Hast du im Vorfeld geplant, welche Art Mensch gut zu dir passt? Denn solange dir nicht klar ist, welche Art Mensch gut zu dir passt, kannst du eigentlich nur auf Menschen treffen, die irgendwie nicht zu dir passen. Mach dir Gedanken darüber, welche Eigenschaften die wichtigen Menschen in deinem Umfeld haben sollen, und löse dich von Menschen, die diese Eigenschaften nicht mitbringen.

> Mache dir bewusst, welche Eigenschaften die wichtigen Menschen in deinem Umfeld haben sollen.

Was erwarte ich von Freunden?

Beschäftige dich dabei auch mit der Frage, wozu du dir eigentlich bestimmte Menschen in deinem Umfeld wünschst, zum Beispiel Freunde. Erwartest du, dass Freunde so für dich da sind, wie du für sie da bist? Dann könntest du enttäuscht werden. Für jemanden da zu sein, sehe ich als Investition – allerdings nicht in dein Gegenüber, sondern in dich selbst. Du darfst beim Helfen ein gutes Gefühl bekommen, quasi als Zins für deine Investition. Hast du aber kein gutes Gefühl, wenn du einen Freund unterstützt, wird es auch später nicht kommen. Und verlasse dich nicht darauf, dass dein Freund für dich so da sein wird wie du für ihn.

Natürlich besteht Freundschaft aus einem Geben und Nehmen. Wenn du jemanden unterstützt, sollte dein Freund dir hierfür auch etwas zurückgeben. Hast du eine bestimmte Vorstellung davon, was du von jemandem erwartest, dann sage ihm das. Dein Gegenüber kann nicht riechen, welche Bedürfnisse du hast und welche Erwartungen du an ihn stellst. Sonst ist die Enttäuschung vorprogrammiert.

Menschen in dein Leben holen

Neben Freunden, die wir uns suchen, weil sie uns guttun, weil wir uns gegenseitig unterstützen und einfach Spaß mit ihnen haben, gibt es noch andere Gründe, sich mit bestimmten Menschen zu umgeben. Und zwar geht es hier um deine Ziele. Wenn du zum Beispiel gerade studierst oder in der Ausbildung bist, arbeitest du idealerweise auf einen bestimmten Beruf hin. In diesem Zusammenhang ist es sinnvoll, dass du dir Menschen suchst, die das bereits erreicht haben, was du noch erreichen möchtest. Wenn du Angst vor der Abschlussprüfung hast, sprich mit Menschen, die diese bereits gemeistert haben. Falls du Arzt werden möchtest, sieh zu, dass Mediziner in dein Leben kommen. Wenn du ein glücklicherer Mensch werden möchtest, umgib dich mit Menschen, die aus deiner Sicht bereits glücklich sind. Und falls du ein höheres Selbstwertgefühl haben möchtest, dann umgib dich mit Menschen, die bereits über ein hohes

Selbstwertgefühl verfügen. Denn du bekommst kein höheres Selbstwertgefühl, wenn du dich mit depressiven und sich selbst abwertenden Menschen beschäftigst.

Diese Umwelt darfst du wählen

Was für Menschen gilt, gilt auch für die Strukturen in deinem Leben. Du hast einen Job, der dich langweilt und der nicht gut für dich ist? Pass auf, dass du nicht in eine *Weg-von*-Bewegung verfällst und dir alle möglichen Gedanken darüber machst, wie du von deinem alten Job wegkommst. Dafür wird es viele Wege geben, doch ohne ein definiertes Ziel sind alle Zielwege gleichzeitig richtig und falsch. Mache dir also wieder Gedanken darüber, wie und womit du dein Leben fortan füllen möchtest. Überlege, wie deine gewünschte Zukunft aussehen soll.

> Mache dir Gedanken über deine gewünschte Zukunft und prüfe dann, ob dein aktueller Job dazu passt.

Nehmen wir an, du hast das Ziel, eine gewisse Geldsumme zu besitzen. Jetzt kannst du dich konkret fragen: Wird das mit meinem aktuellen Job funktionieren? Und wird es in einer für mich passenden Zeitspanne funktionieren? Falls ja, könnte diese Erkenntnis ein Motivationsschub sein, der dich dazu bringt, dich in deinem Job wieder mehr zu engagieren. Falls nein, hast du einen Grund, etwas zu verändern. Dabei kannst du den Faktor Geld auch gegen andere Dinge tauschen, wie zum Beispiel Zufriedenheit, persönliches Vorankommen oder Vereinbarkeit mit der Familie.

Abschließend möchte ich dir noch etwas über Timbuktu erzählen. Als Anne zu mir kam, litt sie sehr unter der Trennung von ihrem Ehemann. Zwar war er jahrelang fremdgegangen, doch Anne bekam ihren Ex-Mann nicht aus dem Kopf. Sie lebte noch in dem ehemals gemeinsamen Haus, wo sie vieles an ihn erinnerte: Es hingen Bilder von früher im Flur, sie schlief im alten Ehebett und im Garten wuchsen noch immer viele Pflanzen, die er vor Jahren dort gepflanzt hatte. Anne maß diesen Dingen keine große Bedeutung zu, jedoch konnten wir nicht ausschließen, dass es in ihrem Unterbewusstsein ordentlich arbeitete. Ich machte ihr den nicht ganz ernst gemeinten Vorschlag, sie solle mal für ein halbes Jahr nach Timbuktu gehen. Denn unser Kopf orientiert sich immer an unserer Umwelt und formt unsere Gedanken. In dem Haus werden automatisch Erinnerungen an die Vergangenheit geweckt, Anne wird immer wieder mit ihrem unangenehmen Zustand konfrontiert. „Timbuktu" würde sie auf völlig neue Gedanken bringen: eine neue Umwelt, neue Menschen, eine neue Aufgabe. Unter dieser absolut neuen Umgebung kann der Kopf gar nicht mehr die alten Gedankenmuster aktivieren, weil das Alte fehlt.

Anne wählte die praktikablere Variante und entfernte alle Gegenstände, die mit ihrem Ex-Partner zu tun hatten, aus ihrem Blickfeld. Sie warf nicht alles weg, packte sie aber in eine Kiste und ab damit in den Keller. Sie renovierte ihr Haus und kaufte neue Möbel, denn in ihrem Alltag sollte sie nichts mehr an die Vergangenheit erinnern!

Wenn du dich wie Anne in einer unschönen Situation befindest und deine Umgebung dich ständig daran erinnert, dann frage dich, was du in deiner Umgebung verändern kannst. Vielleicht kannst du deine Wohnung renovieren. Oder du ziehst in eine neue Wohnung oder gar eine neue Stadt. Oder du füllst die Umgebung mit etwas für dich ganz Eigenem, was vorher nicht möglich war. Du könntest dir zum Beispiel einen Hund anschaffen, wenn du das früher schon wolltest, es deine frühere Situation aber nicht zugelassen hatte. Oder du machst diese eine Reise, die dir schon immer vorschwebte, und stattest deine Wohnung mit mitgebrachten Souvenirs aus. Hauptsache, du lenkst deinen Fokus auf Neues, was mit dem Alten nichts zu tun hat.

DAS WICHTIGSTE KOMPAKT

- Mache deine Entscheidungen von deinen Zielen abhängig und wähle den vernünftigsten Zielweg.
- Wenn du in einer Zwickmühle steckst: Gibt es wirklich nur zwei Entscheidungsalternativen oder vielleicht doch noch mehr?
- Sprich mit deinem Partner Klartext, was deine Wünsche und Regeln angeht – und zwar vorher.
- Keinen Grund für eine Trennung zu haben ist noch kein Grund zusammenzubleiben.
- Umgib dich mit Menschen, die bereits das geschafft haben, was du als Ziel noch vor dir hast.

10 ERFOLGE SICHERN UND DARAUF AUFBAUEN

Du hast ein Ziel erreicht. Und jetzt? Jetzt geht es natürlich weiter! Dieses Kapitel ist der letzte Schritt und mit deinem nun großen Vorwissen der leichteste.

Video 56: Was dich in Schritt 10 erwartet
www.Schritt10.10einfacheSchritte.de

Wozu du dir deine bisherigen Erfolge sichern solltest

Du darfst großen Wert darauf legen, deine bisherigen Erfolge zu sichern. Nimm sie als Grundlage, um darauf aufzubauen und dich weiterzuentwickeln. Deine bisherigen Erfolge werden dir jedoch nur dann helfen, wenn du dich immer wieder darauf aufmerksam machst. Sorge also dafür, dass sich deine erreichten Ziele an so vielen Stellen wie möglich in deiner Umwelt finden lassen, sodass du sie immer wieder auf deine innere Verarbeitungsebene übertragen kannst – und sie so für dich bewusst werden. Dafür könntest du folgende Ideen nutzen:

- Mache Bilder von deinen Erfolgserlebnissen und hänge sie in deiner Wohnung auf.
- Gestalte das Hintergrundbild deines Handys mit Erfolgen.
- Bastle dir eine Konstruktion, an der du alle deine Erfolge als Bilder oder stellvertretende Gegenstände aufhängen kannst.
- Lasse dir ein Tattoo stechen.
- Belohne dich mit dem Kauf eines bestimmten Gegenstands, mit dem du dein erreichtes Ziel immer wieder in Zusammenhang bringen kannst.

Das sind nur wenige Ideen von meinen Klienten, mache dir selbst Gedanken, was bei dir passen könnte. Worauf schaust du in deinem Alltag immer wieder? Wo kommst du immer wieder vorbei? Nutze diese Gelegenheiten und verbinde sie mit deinen Erfolgen.

Warum lege ich dir das ans Herz? Du erinnerst dich: Wir Menschen denken am Tag rund 60 000 Gedanken, wovon gerade einmal 3 000 Gedanken neue sind. Wenn du ein Ziel erreicht hast, ist es heute auf jeden Fall in deinen Gedanken enthalten. Morgen vielleicht auch noch, weil du ja heute darüber nachgedacht hast. Doch wenn die Gedanken morgen schon seltener auftreten, ist die Wahrscheinlichkeit groß, dass sie übermorgen bereits nicht mehr auftauchen. Und damit ist dein Erfolg nicht mehr seh- und spürbar.

Sorge dafür, dass du deine Erfolge nicht vergisst!

Sorge also dafür, dass bestimmte Dinge einen festen Platz in deinen Gedanken finden. Und dass sich gewisse günstige Verhaltens- und Denkmuster in deine Routinen einbauen. Um noch mehr gute Ideen zu entwickeln, lies noch einmal in Kapitel 6 nach, dort haben wir über die Gestaltung deiner Ziele gesprochen und darüber, wie du deinen Zielweg gestaltest, um deine Ziele leichter zu erreichen. Diese Tipps sind auch hilfreich, um deine Erfolge zu sichern.

Video 57: So kannst du Erfolge groß machen, um auf ihnen aufzubauen

www.Erfolg.10einfacheSchritte.de

Der erste Gedanke zu einer Sache

Auch das Konzept des ersten Gedankens zu einer Sache, über das wir im dritten Kapitel gesprochen haben, ist nützlich, wenn wir unsere Erfolge sichern möchten.

Der erste Gedanken zu einer Sache ist genau das: nur der erste Gedanke. Wenn du dich zu sehr auf ihn fokussierst, kann dich das in deinem Vorankommen behindern. Der erste Gedanke zu einer Sache ist als erlernter Reflex zu verstehen, das heißt, dein Gehirn wird dir in einer Situation den Gedanken als Erstes anbieten, der in der Vergangenheit auch als Erstes da war oder eben gut funktioniert hat. Zumindest für dein Gehirn, aber vielleicht nicht unbedingt für dich in Bezug auf deine eigentlichen Ziele. Daher empfehle ich dir, den ersten Gedanken zu einer Sache zunächst zu ignorieren und den zweiten, dritten und noch mehr Gedanken folgen zu lassen, die dich deinem Ziel näherbringen. Je häufiger nun diese weiteren Gedanken in deinen Denkmustern auftauchen, desto eher werden diese Inhalte auch in die unterbewusste Ebene übernommen – ein neuer und für dich günstigerer Automatismus entsteht.

Irgendwann wird der erste Gedanke, den du früher zu einer Sache hattest, durch einen neuen ersetzt werden. Das funktioniert allerdings nur, wenn du dich immer wieder auf die gewünschten Gedanken konzentrierst. Und dafür ist es sehr hilfreich, wenn du dich selbst immer wieder an deine (erreichten) Ziele, deine Erfolge und die zugehörigen Denkmuster erinnerst.

Ich habe mein Ziel erreicht – und jetzt?

Zu Beginn ist es schwierig, sich auf Ziele zu fokussieren, die durch die automatische Wahrscheinlichkeitsberechnung als unwahrscheinlich abgestempelt werden. Daher sollen sich deine Zieldefinitionen zunächst nicht zu weit von deinem aktuellen Ist-Zustand befinden. Alles andere wäre für dein Gehirn zu weit weg. Mache kleine Schritte, dann bewegst du dich sicherer, wie bei Glatteis. Hast du etwas erreicht und positive Erfahrungen gemacht, hat dein Gehirn neue Erfahrungswerte, die es in die Wahrscheinlichkeitsberechnung einfließen lässt – es entsteht ein steigender Trend. In einem Diagramm mit den Dimensionen der Zielumsetzung in Abhängigkeit von der Zeit könnte man das als einen treppenartigen Anstieg darstellen. Um diese steigende Linie könnte man einen Bereich markieren, einen Trendkanal, in welchem Schwankungen nach oben und unten erlaubt sind. Das wäre eine Beobachtung dessen, wie du dich entwickeln könntest, wenn du zunehmend auf deinen Erfolgen aufbaust.

> Hast du ein Ziel erreicht, kannst du das nächste in Angriff nehmen. Es entsteht ein steigender Trend.

Bei diesem Bild ist Folgendes wichtig: Dieser Trendkanal zeigt in eine bestimmte Richtung. Und dadurch bekommst du vielleicht die nächsten Zielinhalte vorgelegt, du müsstest die bestehende Linie ja einfach nur erweitern. Du hast es geschafft, deinen Chef um eine Gehaltserhöhung zu bitten? Oder du hast deine Stundenreduktion durchgesetzt bekommen? Super! Was könnte dein nächstes Ziel sein? Wie wäre es mit einer Beförderung? Oder vielleicht könntest du dich mit Hilfe deines Arbeitgebers weiterbilden, um in Zukunft qualifiziertere Aufgaben zu übernehmen? Nach oben sind kaum Grenzen gesetzt!

Video 58: Du hast dein Ziel erreicht. Wie geht es weiter?
www.Weiter.10einfacheSchritte.de

Was zu tun ist, wenn du ein Ziel nicht erreicht hast

Zuallererst: Sei entspannt und freu dich. Denn wenn du dich nicht freust, hast du dein Ziel trotzdem nicht erreicht. Und mit einem schlechten Gefühl wirst du kaum die Energie aufbringen, an deinen ursprünglichen Zielen anzusetzen.

Der Tipp, der nun folgt, ist eigentlich der Kerngedanke, der uns durch das gesamte Buch begleitet hat: Wie gut kennst du dein Ziel?

Wie gut kennst du dein Ziel?

Wenn du ein Ziel einmal nicht erreichst, scheint dein Plan nicht funktioniert zu haben. Dein Plan entspricht dabei dem Zielweg. Doch ohne ein gut definiertes Ziel kannst du keinen vernünftigen Zielweg finden – siehe Kapitel 5. Je genauer du also dein Ziel kennst, desto besser kannst du auch den für dich vernünftigsten Zielweg herausfinden. Und desto mehr Zielwege werden sich für dich auftun, aus denen du dann wählen kannst.

> Doch ohne ein gut definiertes Ziel kannst du keinen vernünftigen Zielweg finden.

Schauen wir uns einmal an, wie du überhaupt zu der Erkenntnis kommst, dass du dein Ziel nicht erreicht hast. Entweder hast du tatsächlich dein Ziel nicht erreicht oder steckst noch auf deinem Zielweg fest. Für den Fall, dass du dein Ziel wirklich nicht erreicht hast: Woran genau lag es? Hast du dein Ziel nach den Definitionsregeln aufgestellt und konntest messen, dass du die 100 Prozent deines Ziels nicht erreicht hast? Wie viel Prozent hast du erreicht?

Manchmal reicht es aus, wenn du 80 Prozent deines Ziels erreicht hast. Auch darüber haben wir in Kapitel 5 gesprochen. Das *Pareto-Prinzip* besagt, dass oft nur 20 Prozent des Gesamtaufwands nötig sind, um 80 Prozent eines Ergebnisses zu erzielen. Für die restlichen 20 Prozent ist ein ungleich höherer Aufwand nötig, nämlich die restlichen 80 Prozent. Mach dir einmal Gedanken, ob es sich wirklich lohnt, auf die 100 Prozent Zielerreichung zu kommen. Vielleicht reicht es dir, immerhin 80 Prozent dessen erreicht zu haben, was du ursprünglich einmal definiert hast. Nutze dafür deine auditive Denkebene: Wenn du jetzt zu dir sagst, dass du aber auf jeden Fall die 100 Prozent erreichen musst, wirst du unzufrieden bleiben. Sagst du dir hingegen, dass 80 Prozent reichen, wird sich das auf deiner Gefühlsebene positiv widerspiegeln.

Du hast dein Ziel erreicht, bist aber nicht zufrieden

Es könnte auch sein, dass du 100 Prozent deiner Zieldefinition erreicht hast, aber nicht zufrieden bist. Dann empfehle ich dir, Folgendes zu prüfen:

- Wie bewusst ist dir, dass du tatsächlich dein Ziel erreicht hast?
- Hast du dafür gesorgt, dass du für deine Erfolge Dinge in deiner Umwelt platzierst, um dich immer wieder an dein erreichtes Ziel zu erinnern?
- Hast du im Vorfeld vielleicht eine ungünstige Wenn-dann-Konstruktion aufgestellt, sodass man von deiner Zielerreichung gar nicht erwarten konnte, dass sich das gewünschte Gefühl einstellt?

Suche nach dem Punkt, an welchem du ein ungünstiges Verhalten finden kannst, woraus das entsprechende Feedback auf Gefühlsebene entsteht. Und kümmere dich wieder um deine Ziele, indem du diese neu definierst.

Du bist auf deinem Zielweg steckengeblieben

Dann gibt es noch die Möglichkeit, dass du auf deinem Zielweg steckengeblieben bist. Hierfür kann es auch wieder mehrere Möglichkeiten geben:

- Du hast dein Ziel aus den Augen verloren, wodurch auch der vor dir liegende Zielweg verschwunden ist. Sorge dafür, dass du wieder einen guten Blick auf dein Ziel bekommst, und der Zielweg wird wieder erscheinen.

- Du warst auf einem Zielweg unterwegs, der plötzlich zu Ende war. Das passiert, es gibt immer wieder Sackgassen. Das ist aber gar nicht schlimm, denn wo Sackgassen sind, sind auch weiterführende Straßen. Bedenke, dass du es bereits bis hierher geschafft und vielleicht schon eine ordentliche Strecke zurückgelegt hast. Vielleicht musst du gar nicht so weit zurückfahren, um wieder auf die nächste Verbindungsstraße zu kommen? Speichere auf jeden Fall ab, wo du steckengeblieben bist – vielleicht wird die Sackgasse demnächst an das Straßennetz angeschlossen. Überlege, wie du es bis hierher geschafft hast. Wie hast du das gemacht? Was hast du anders als früher gemacht? Du kannst von diesen Erkenntnissen profitieren! Es sei denn, du ärgerst dich darüber, dass du in einer Sackgasse bist, und lässt nichts anderes zu.

Video 59: Das kannst du ausprobieren, wenn du dein Ziel einmal nicht erreicht hast
www.Plan.10einfacheSchritte.de

DAS WICHTIGSTE KOMPAKT

- Mache dir deine Erfolge bewusst und denke so oft wie möglich daran.
- Nimm deinen ersten Gedanken zu einer Sache als Motivation, noch einmal anders über eine Sache nachzudenken.
- Du hast dein Ziel erreicht? Prima! Bleibe in deiner Richtung, und du wirst auf neue Ziele stoßen.
- Manchmal reichen 80 Prozent bereits aus.

Bibliografische Information der Deutschen Nationalbibliothek
Die Deutsche Nationalbibliothek verzeichnet diese Publikation in der Deutschen Nationalbibliografie; detaillierte bibliografische Daten sind im Internet über http://dnb.ddb.de abrufbar.

ISBN 978-3-86910-410-2 (Print)
ISBN 978-3-86910-429-4 (PDF)
ISBN 978-3-86910-430-0 (EPUB)

Originalausgabe

Eine Marke der Schlüterschen Verlagsgesellschaft mbH & Co. KG,
Hans-Böckler-Allee 7, 30173 Hannover
www.schluetersche.de
www.humboldt.de

Lektorat: Annette Gillich-Beltz, Essen
Covergestaltung: semper smile Werbeagentur GmbH, München
Coverfoto: shutterstock/ninanaina; goldnetz; HstrongART
Satz: PER Medien+Marketing GmbH, Braunschweig
Druck: gutenberg beuys feindruckerei GmbH, Langenhagen